Inhalt

Kurz

Penne & Co.

Penne all’arrabbiata

Für 4 Personen

2 EL Olivenöl
2 große Knoblauchzehen, in dünne Scheiben geschnitten
1–2 getrocknete Chilischoten
2 Dosen geschälte Tomaten (je 400 g)
500 g Penne oder Rigatoni
1 Stängel Basilikum, Blätter zerkleinert

Das Öl in einem Topf erhitzen. Knoblauch und Chilis darin anbraten, bis der Knoblauch etwas Farbe angenommen hat. Die Tomaten samt Saft und Salz (nach Geschmack) hinzufügen. Die Sauce 20–30 Minuten köcheln lassen, bis sie etwas eingekocht ist, dabei die Tomaten mit einem Kochlöffel zerdrücken.

In der Zwischenzeit die Pasta in reichlich kochendem Salzwasser nach Packungsangabe bissfest garen. In ein Sieb schütten und abtropfen lassen, dann zurück in den Topf geben.

Unmittelbar vor dem Servieren das Basilikum unter die Sauce mischen. Die Sauce abschmecken, zur Pasta geben und unterheben. Soll die Sauce schärfer werden, einfach die Chilischoten öffnen und die Samen unter die Sauce rühren.

Tomatensuppe mit Ditalini

Für 4 Personen

2 EL Olivenöl
1 große Zwiebel, fein gewürfelt
2 Selleriestangen, fein gewürfelt
3 vollreife Tomaten
1,5 l Hühner- oder Gemüsebrühe
100 g Ditalini oder andere italienische Suppennudeln

Das Öl in einem großen Topf erhitzen. Zwiebel- und Selleriewürfel darin in etwa 5 Minuten weich dünsten.

Die Tomaten unten kreuzförmig einritzen. Für 1 Minute in kochendes Wasser geben, dann in kaltem Wasser abschrecken. Die Tomaten häuten und die Samen mit einem Teelöffel herauslösen. Das Fruchtfleisch grob hacken.

Brühe und Tomaten in den Topf geben; aufkochen lassen. Die Pasta hinzufügen und in der kochenden Suppe in etwa 10 Minuten (oder nach Packungsangabe) bissfest garen. Die Suppe abschmecken und servieren.

Risoni mit Artischocken

Für 4 Personen

30 g Butter
1 EL Olivenöl
2 Fenchelknollen, in Scheiben geschnitten
350 g marinierte Artischockenherzen, gehackt
300 g Sahne
1 EL Dijonsenf
3 EL Weißwein
50 g Parmesan, gerieben
500 g Risoni (reiskornförmige Pasta)
150 g junger Blattspinat, grob gehackt

Die Butter mit dem Öl in einer Pfanne erhitzen. Den Fenchel darin 20 Minuten dünsten, bis er weich und leicht karamellisiert ist. Die Artischocken hinzufügen und 5–10 Minuten mitgaren. Sahne, Senf, Wein und Parmesan untermischen. Die Sauce aufkochen und 5 Minuten bei schwacher Hitze köcheln lassen.

Die Pasta in reichlich kochendem Salzwasser nach Packungsangabe bissfest garen. In ein Sieb schütten, abtropfen lassen und zurück in den Topf geben.

Den Spinat mit der Pasta in die Sauce geben und zusammenfallen lassen. Dazu schmeckt geröstetes italienisches Weißbrot.

Pasta mit Spinat, Kürbis und Tomaten

Für 4 Personen

750 g Kürbisfruchtfleisch (z. B. Butternusskürbis)
2 EL Olivenöl
16 Knoblauchzehen, ungeschält
250 g Cocktailtomaten, halbiert
500 g Orecchiette oder Penne
200 g junger Blattspinat
200 g Schafskäse in Olivenölmarinade
3 EL Sherryessig
2 EL Walnussöl

Den Backofen auf 200 °C vorheizen. Das Kürbisfruchtfleisch in große Stücke schneiden, auf ein Backblech legen und mit Olivenöl beträufeln. 30 Minuten im Ofen rösten, dann den Knoblauch und die Tomatenhälften auf das Backblech geben. Das Blech wieder in den Ofen schieben und das Gemüse 10–15 Minuten rösten, bis es gar ist. Die Tomaten nicht zu lange garen, sonst werden sie matschig.

Die Pasta in reichlich kochendem Salzwasser nach Packungsangabe bissfest garen. In ein Sieb schütten, abtropfen lassen und in eine große Schüssel geben. Tomaten, Kürbis und Knoblauch sowie den frischen Spinat hinzufügen und alles mischen.

Den Schafskäse abtropfen lassen, dabei 3 EL Marinade auffangen. Die aufgefangene Marinade, Essig und Walnussöl zu einem Dressing verquirlen. Die Pastamischung damit beträufeln. Den Schafskäse zerbröckeln und das Gericht damit bestreuen.

Variante: Wer mag, kann noch 200 g marinierte schwarze Oliven unter das Pastagericht mischen.

Bohnen-Nudel-Suppe mit Bratwurst

Für 6–8 Personen

2 TL Olivenöl
4 kleine italienische Bratwürste, gewürfelt
2 Stangen Lauch, quer in Streifen geschnitten
1 Knoblauchzehe, zerdrückt
1 große Möhre, fein gewürfelt
2 Selleriestangen, in Scheiben geschnitten
2 EL Mehl
125 ml Weißwein
2 l Rinderbrühe
1 Dose gemischte Bohnenkerne (440 g)
125 g kleine Muschelnudeln
1 TL gehackte Chilischote (nach Belieben)

Das Öl in einem großen Topf erhitzen. Die Bratwurststückchen darin unter gelegentlichem Rühren in etwa 5 Minuten goldbraun braten; auf Küchenpapier abtropfen lassen.

Lauch, Knoblauch, Möhre und Sellerie in den Topf geben und unter gelegentlichem Rühren 2–3 Minuten dünsten, bis alles weich ist.

Das Mehl darüberstreuen und unter Rühren 1 Minute anschwitzen. Erst den Wein, dann nach und nach die Brühe dazugießen. Aufkochen, dann bei schwacher Hitze 10 Minuten köcheln lassen.

Die Bohnen in einem Sieb abtropfen lassen. Mit Pasta und Chili in den Topf geben. Die Suppe 8–10 Minuten kochen lassen, bis die Nudeln bissfest sind. Die Bratwurststücke in die Suppe geben und die Suppe abschmecken.

Variante: Sie können auch getrocknete Bohnenkerne verwenden. Diese in einer Schüssel mit kaltem Wasser bedecken und über Nacht einweichen. Abgießen und in einen großen Topf geben. 3 cm hoch mit kaltem Wasser bedecken. 1 Stunde köcheln lassen, dann abgießen, gut abtropfen lassen und zur Suppe geben.

Rotelle mit Kichererbsen, Tomaten und Petersilie

Für 4 Personen

500 g Rotelle
1 Dose Kichererbsen (400 g)
1 EL gemahlener Kreuzkümmel
125 ml Olivenöl
1 rote Zwiebel, in dünne Halbringe geschnitten
3 Knoblauchzehen, zerdrückt
3 große Tomaten, gewürfelt
1 große Handvoll gehackte Petersilie
3 EL Zitronensaft
geriebener Parmesan zum Bestreuen

Die Pasta in reichlich kochendem Salzwasser nach Packungsangabe bissfest garen. In ein Sieb schütten, abtropfen lassen und zurück in den Topf geben.

Inzwischen die Kichererbsen in einem Sieb abtropfen lassen. Eine große Pfanne bei mittlerer Hitze heiß werden lassen. Den Kreuzkümmel darin unter Rühren etwa 1 Minute rösten, bis Duft aufsteigt; herausnehmen. Die Hälfte des Öls in die Pfanne geben und die Zwiebelstreifen darin in 2–3 Minuten glasig dünsten. Knoblauch, Kichererbsen, Tomaten und Petersilie untermischen und rühren, bis alles heiß ist. Die Mischung zur Pasta geben und unterheben.

Den Zitronensaft mit dem Kreuzkümmel und dem restlichen Öl in ein Schraubdeckelglas füllen. Das Glas fest verschließen und kräftig schütteln. Das Dressing zur Pasta-Kichererbsen-Mischung geben. Das Ganze bei schwacher Hitze unter Rühren heiß werden lassen. Kräftig abschmecken, dann mit Parmesan servieren.

Variante: Soll das Gericht kalt serviert werden, die Pasta kalt abschrecken und gut abtropfen lassen. Kichererbsenmischung unter die Nudeln heben und das Gericht durchziehen lassen.

Penne mit Hähnchen-Basilikum-Sauce

Für 4 Personen

1 EL Olivenöl
50 g Butter
400 g Hähnchenbrustfilet
200 g dünne grüne Spargelstangen, in 4 cm lange Stücke geschnitten
3 Frühlingszwiebeln, gehackt
4 Knoblauchzehen, zerdrückt
125 g Sahne
300 g saure Sahne
200 ml Hühnerbrühe
100 g Parmesan, gerieben
1 kleine Handvoll Basilikumblätter, fein gehackt
2 EL Pinienkerne, geröstet
500 g Penne
Basilikumblätter zum Garnieren

Das Öl mit der Hälfte der Butter in einer großen Pfanne sehr heiß werden lassen. Die Hähnchenbrustfilets darin auf jeder Seite 5 Minuten braten. Herausnehmen, zudecken und abkühlen lassen, dann in 1 cm dicke Scheiben schneiden.

Spargel und Frühlingszwiebeln in die Pfanne geben. 2 Minuten dünsten, bis die Spargelstücke knapp gar sind. Herausnehmen, die Pfanne mit Küchenpapier auswischen.

Die restliche Butter bei mittlerer Hitze in der Pfanne zerlassen. Den Knoblauch darin in etwa 2 Minuten goldgelb braten. Sahne, saure Sahne und Brühe dazugeben; 10 Minuten köcheln lassen, bis die Flüssigkeit etwas reduziert ist. Parmesan und Basilikum in die Sauce geben. 2 Minuten rühren, bis der Käse geschmolzen ist. Fleisch, Spargel und Pinienkerne untermischen und in etwa 2 Minuten heiß werden lassen; die Sauce mit Salz und Pfeffer abschmecken.

Inzwischen die Pasta in reichlich kochendem Salzwasser bissfest garen. In ein Sieb schütten und abtropfen lassen. Sauce und Pasta mischen, mit Basilikumblättern garnieren.

Pasta mit gegrillter Paprika

Für 4–6 Personen

6 große rote Paprikaschoten, halbiert
500 g Gnocchi-Pasta (siehe Hinweis)
2 EL Olivenöl
1 Zwiebel, in dünne Ringe geschnitten
3 Knoblauchzehen, fein gewürfelt
2 EL in Streifen geschnittenes Basilikum
Basilikumblätter und Parmesanspäne zum Garnieren

Die Paprikaschoten in große flache Stücke schneiden. Mit den Hautseiten nach oben unter den heißen Backofengrill schieben; grillen, bis die Haut verkohlt und blasig ist. In einem Gefrierbeutel abkühlen lassen; häuten.

Die Pasta in reichlich kochendem Salzwasser nach Packungsangabe bissfest garen. In ein Sieb schütten, abtropfen lassen und zurück in den Topf geben.

Inzwischen das Öl in einer großen Pfanne bei mittlerer Hitze heiß werden lassen. Zwiebel und Knoblauch darin in etwa 5 Minuten weich dünsten. Eine Paprikaschote in dünne Streifen schneiden und dazugeben.

Die restlichen Paprikaschoten grob zerkleinern und in der Küchenmaschine oder im Mixer pürieren. Paprikapüree zur Zwiebelmischung geben und die Sauce bei schwacher Hitze heiß werden lassen.

Die Sauce unter die heiße Pasta mischen. Abschmecken, die Basilikumstreifen untermischen. Das Gericht mit Basilikum und Parmesan garnieren.

Hinweis: Gnocchi-Pasta sind nockenförmige Nudeln – nicht zu verwechseln mit den gleichnamigen Kartoffelklößchen. Ersatzweise kleine Muschelnudeln oder Orecchiette verwenden.

Penne mit Kürbis, gebackenem Ricotta und Schinken

Für 4 Personen

500 g Penne
500 g Kürbisfruchtfleisch (z. B. Butternusskürbis), in kleine Würfel geschnitten
3 EL Olivenöl
2 Knoblauchzehen, zerdrückt
100 g sonnengetrocknete Tomaten, gehackt
4 Scheiben luftgetrockneter Schinken, gehackt
250 g Ricottakuchen (siehe Hinweis; ersatzweise Eierstich), gewürfelt
3 EL in Streifen geschnittenes Basilikum

Die Pasta in reichlich kochendem Salzwasser nach Packungsangabe bissfest garen. In ein Sieb schütten, abtropfen lassen und zurück in den Topf geben.

Inzwischen die Kürbiswürfel in kochendem Wasser in 10–12 Minuten bissfest garen; abgießen.

Das Öl in einem großen Topf bei mittlerer Hitze heiß werden lassen. Den Knoblauch darin 30 Sekunden braten, dann Tomaten, Schinken, Kürbis und Penne hinzufügen. Alles mischen und bei schwacher Hitze in 1–2 Minuten heiß werden lassen.

Ricottakuchenwürfel und Basilikum untermischen. Das Gericht abschmecken und sofort servieren.

Hinweis: Für Ricottakuchen 400 g Ricotta mit 1 Ei und 1 zerdrückten Knoblauchzehe gut vermischen; die Masse mit Salz und Pfeffer abschmecken. In eine Springform (18 cm ∅) füllen und im 180 °C heißen Ofen etwa 1 Stunde backen, bis der Kuchen fest und gebräunt ist.

Rigatoni mit Hähnchen-Tomaten-Sahnesauce

Für 4–6 Personen

500 g Rigatoni
1 EL Olivenöl
4 Hähnchenbrustfilets, in dünne Scheiben geschnitten
4 vollreife Tomaten, gewürfelt
150 g in Öl eingelegte getrocknete Tomaten, abgetropft und in dünne Streifen geschnitten
2 EL Tomatenmark
1 Handvoll kleine Basilikumblätter
300 g Sahne
200 ml Hühnerbrühe

Die Pasta in reichlich kochendem Salzwasser nach Packungsangabe bissfest garen. In ein Sieb schütten, abtropfen lassen und zurück in den Topf geben.

Inzwischen das Öl in einer Pfanne mit hohem Rand stark erhitzen. Das Fleisch darin auf jeder Seite 1–1½ Minuten braten, bis es braun und durchgegart ist. Aus der Pfanne nehmen und warm halten.

Tomatenwürfel, getrocknete Tomaten, Tomatenmark und die Hälfte des Basilikums bei mittlerer Hitze in die Pfanne geben. 5 Minuten köcheln lassen, bis die Tomaten weich werden. Sahne und Brühe angießen und die Sauce unter ständigem Rühren aufkochen lassen.

Das Fleisch in die Sauce geben; die warme Pasta untermischen. Das Gericht mit Pfeffer und Salz abschmecken, mit dem restlichen Basilikum garnieren und sofort servieren.

Pasta mit Venusmuscheln

Für 4 Personen

1 kg Venusmuscheln (Vongole)
500 g kleine Muschelnudeln
1 EL Olivenöl
2 Knoblauchzehen, zerdrückt
2 Dosen gehackte Tomaten (je 400 g)
3 EL Rotwein
2 EL gehackte Petersilie
1 TL Zucker

Die Muscheln in einer großen Schüssel mit kaltem Wasser bedecken und 30 Minuten wässern.

Sauce und Pasta zubereiten. Für die Sauce das Öl in einem großen Topf bei schwacher Hitze heiß werden lassen. Den Knoblauch darin 30 Sekunden dünsten, dann Tomaten, Wein, Petersilie und Zucker sowie Salz und Pfeffer (nach Geschmack) untermischen. Alles aufkochen lassen und unter gelegentlichem Rühren 5 Minuten köcheln lassen.

Die gewässerten Muscheln gut abtropfen lassen und in die Sauce geben. 3–5 Minuten unter gelegentlichem Rühren darin garen, bis sie sich geöffnet haben. Muscheln, die sich nicht öffnen, aussortieren und wegwerfen.

Während die Sauce gart, die Pasta in reichlich kochendem Salzwasser nach Packungsangabe bissfest garen. In ein Sieb schütten, abtropfen lassen und in eine vorgewärmte Servierschüssel geben. Die Sauce auf die Pasta geben; sofort servieren.

Penne mit Pilz-Kräuter-Sauce

Für 4 Personen

2 EL Olivenöl
500 g Champignons, in Scheiben geschnitten
2 Knoblauchzehen, zerdrückt
2 TL gehackter Majoran
125 ml Weißwein
100 g Sahne
500 g Penne
1 EL Zitronensaft
1 TL abgeriebene unbehandelte Zitronenschale
2 EL gehackte Petersilie
50 g Parmesan, gerieben

Das Öl in einer großen Pfanne bei starker Hitze heiß werden lassen. Die Pilze darin unter ständigem Rühren 3 Minuten braten. Knoblauch und Majoran hinzufügen; 2 Minuten mitbraten.

Den Wein in die Pfanne geben und bei schwacher Hitze 5 Minuten köcheln lassen, bis fast die gesamte Flüssigkeit verdampft ist. Die Sahne unterrühren und die Sauce bei schwacher Hitze 5 Minuten köcheln lassen, bis sie eingedickt ist.

Die Pasta in reichlich kochendem Salzwasser nach Packungsangabe bissfest garen. In ein Sieb schütten, abtropfen lassen und zurück in den Topf geben.

Den Zitronensaft, die Zitronenschale, die Petersilie und die Hälfte des Parmesans unter die Sauce rühren. Die Sauce abschmecken, dann die Pasta unterheben. Das Gericht mit dem restlichen Parmesan bestreuen.

Erbsensuppe mit Risoni und Speck

Für 4–6 Personen

- 4 Scheiben durchwachsener Speck, gewürfelt
- 50 g Butter
- 1 große Zwiebel, fein gewürfelt
- 1 Selleriestange, in kleine Stücke geschnitten
- 2 l Hühnerbrühe
- 150 g TK-Erbsen
- 250 g Risoni (reiskornförmige Pasta)
- 2 EL gehackte Petersilie

Den Speck mit Butter, Zwiebel und Sellerie in einen großen Topf geben. Bei schwacher Hitze unter gelegentlichem Rühren 5 Minuten dünsten.

Die Brühe und die gefrorenen Erbsen hinzufügen und zugedeckt 5 Minuten bei schwacher Hitze köcheln lassen. Anschließend die Suppe bei starker Hitze aufkochen lassen, die Pasta hinzufügen und unter gelegentlichem Rühren in 5 Minuten bissfest kochen. Die Suppe mit Petersilie bestreuen und servieren.

Casarecci mit gerösteten Tomaten, Rucola und Ziegenkäse

Für 4 Personen

16 Eiertomaten
1 kleine Handvoll Basilikumblätter, zerkleinert
500 g Casarecci (siehe Hinweis)
75 ml Olivenöl
2 Knoblauchzehen, in dünne Scheiben geschnitten
2 EL Zitronensaft
125 g Rucola, grob gehackt
2 EL gehackte Petersilie
35 g Parmesan, gerieben
100 g Ziegenfrischkäse

Den Backofen auf 160 °C vorheizen. Die Tomaten unten kreuzförmig einritzen. In eine hitzebeständige Schüssel legen, mit kochend heißem Wasser bedecken und 30 Sekunden ziehen lassen, dann in kaltem Wasser abschrecken. Ein Backofengitter auf ein Backblech setzen. Die Tomaten häuten, halbieren, mit den Schnittflächen nach oben auf das Gitter legen und mit dem Basilikum bestreuen. Das Gitter über dem Blech in den Ofen schieben, die Tomaten 3 Stunden rösten.

Die Pasta in reichlich kochendem Salzwasser nach Packungsangabe bissfest garen. In ein Sieb schütten, abtropfen lassen und zurück in den Topf geben.

Das Öl mit dem Knoblauch in einem kleinen Topf bei schwacher bis mittlerer Hitze heiß werden lassen, bis es zu brutzeln beginnt; sofort vom Herd nehmen. Das Knoblauchöl mit Tomaten, Zitronensaft, Rucola, Petersilie und Parmesan zur Pasta geben und alles behutsam mischen. Das Gericht mit zerbröckeltem Ziegenfrischkäse bestreuen und servieren.

Hinweis: Casarecci sind schlanke Pastaröllchen. Sie können stattdessen auch Fusilli nehmen.

Penne mit Ochsenschwanzragout

Für 4 Personen

1,5 kg Ochsenschwanz, in Stücken
3 EL Mehl, gewürzt (siehe Hinweis)
3 EL Olivenöl
1 Zwiebel, fein gewürfelt
2 Knoblauchzehen, zerdrückt
500 ml Rinderbrühe
1 Dose gehackte Tomaten (400 g)
250 ml Weißwein
6 Gewürznelken
2 Lorbeerblätter
3 Selleriestangen, fein gehackt
500 g Penne
30 g Butter
3 EL geriebener Parmesan

Den Backofen auf 160 °C vorheizen. Die Ochsenschwanzstücke in dem gewürzten Mehl wenden; überschüssiges Mehl abschütteln. Die Hälfte des Öls in einem ofenfesten Schmortopf stark erhitzen. Die Ochsenschwanzstücke darin portionsweise kräftig anbraten.

Das restliche Öl in einem Topf erhitzen. Zwiebel und Knoblauch darin glasig dünsten. Brühe, Tomaten, Wein, Nelken und Lorbeerblätter sowie Salz und Pfeffer (nach Geschmack) hinzufügen. Tomatensauce aufkochen lassen; über die Ochsenschwanzstücke gießen.

Den Ochsenschwanz im heißen Ofen zugedeckt 2½–3 Stunden schmoren. Den Sellerie dazugeben und das Ganze offen weitere 30 Minuten garen.

Die Pasta in reichlich kochendem Salzwasser nach Packungsangabe bissfest garen. In ein Sieb schütten, abtropfen lassen und zurück in den Topf geben. Butter und Parmesan untermischen. Ochsenschwanzragout mit der Pasta servieren.

Hinweis: Sie können das Mehl nach Belieben würzen, z. B. mit Kräutern, Salz, Pfeffer oder Senfpulver.

Penne mit Speck-Ricotta-Sauce

Für 4 Personen

2 TL Olivenöl
2 Scheiben durchwachsener Speck, gewürfelt
2–3 Knoblauchzehen, zerdrückt
1 Zwiebel, fein gewürfelt
2 Frühlingszwiebeln, fein gehackt
250 g Ricotta
1 Handvoll Basilikumblätter, fein gehackt
500 g Penne
8 Cocktailtomaten, halbiert
Basilikumblätter zum Garnieren

Das Öl in einem Topf bei mittlerer Hitze heiß werden lassen. Speck, Knoblauch, Zwiebel und Frühlingszwiebeln darin unter Rühren 5 Minuten braten. Vom Herd nehmen, Ricotta und Basilikum mit einem Schneebesen untermischen.

Die Pasta in reichlich kochendem Salzwasser nach Packungsangabe bissfest garen. Kurz vor dem Abgießen etwa 250 ml Kochwasser abnehmen und die Ricottasauce damit verdünnen. Die Pasta in ein Sieb schütten, abtropfen lassen und in eine vorgewärmte Servierschüssel geben. Sauce und Tomatenhälften unterheben und das Gericht mit Basilikumblättern garnieren.

Makkaroni mit Käsesauce und Speck

Für 4 Personen

500 g kurze Makkaroni
100 g Pancetta oder anderer durchwachsener Speck, gewürfelt
500 g Sahne
125 g Emmentaler, gerieben
250 g Gruèyere, gerieben
100 g Parmesan, gerieben
1 Knoblauchzehe, zerdrückt
2 TL Dijonsenf
½ TL Paprikapulver
2 EL Schnittlauchröllchen, mehr zum Garnieren

Die Pasta in reichlich kochendem Salzwasser nach Packungsangabe bissfest garen. In ein Sieb schütten, abtropfen lassen und zurück in den Topf geben.

Inzwischen den Speck in einem großen Topf bei starker Hitze unter Rühren in etwa 4 Minuten knusprig braten; auf Küchenpapier abtropfen lassen.

Die Sahne in den Topf gießen und bei schwacher Hitze köcheln lassen. Alle drei Käsesorten sowie Knoblauch, Senf und Paprika dazugeben; etwa 5 Minuten rühren, bis der Käse geschmolzen und die Sauce eingedickt ist. Die Sauce abschmecken.

Pasta, Speck und Schnittlauch unter die Sauce mischen. Das Gericht mit etwas Schnittlauch garnieren und sofort servieren.

Penne mit Tomaten-Bratwurst-Sauce

Für 4 Personen

1 EL Olivenöl
1 kleine rote Zwiebel, fein gewürfelt
2–3 Knoblauchzehen, zerdrückt
½ TL Chiliflocken
300 g Champignons, in dünne Scheiben geschnitten
Brät von 6 italienischen Schweinsbratwürsten mit Fenchel
2 Dosen gehackte Tomaten (je 400 g)
1 EL gehackter Thymian
500 g Penne
geriebener Parmesan zum Servieren

Das Öl in einem großen Topf erhitzen. Die Zwiebelwürfel darin in 3–4 Minuten glasig dünsten. Knoblauch, Chiliflocken, Pilze und Bratwurstbrät dazugeben. Alles bei starker Hitze unter gelegentlichem Rühren braten, bis das Brät gebräunt und krümelig ist. Bei schwacher bis mittlerer Hitze noch 10 Minuten braten, dabei ein-, zweimal umrühren.

Tomaten und Thymian unterrühren. Die Sauce aufkochen, dann zugedeckt unter gelegentlichem Rühren bei mittlerer bis schwacher Hitze 20 Minuten köcheln lassen.

Inzwischen die Pasta in reichlich kochendem Salzwasser nach Packungsangabe bissfest garen. In ein Sieb schütten und abtropfen lassen. Penne zur Sauce geben und untermischen. Das Gericht mit Parmesan bestreuen und servieren.

Italienische Bohnensuppe mit Pasta

Für 4–6 Personen

1 Dose gemischte Bohnenkerne (600 g)
1 EL Olivenöl
1 Zwiebel, fein gewürfelt
3 Knoblauchzehen, zerdrückt
2 l Hühnerbrühe (siehe Hinweis)
125 g kleine Muschelnudeln
1 EL gehackter Estragon

Die Bohnen abtropfen lassen. Das Öl in einem Topf erhitzen. Die Zwiebelwürfel darin in etwa 5 Minuten glasig dünsten, dann den Knoblauch unter Rühren 1 Minute mitdünsten. Bohnen und Brühe hinzufügen, die Suppe aufkochen lassen (Topf dabei schließen).

Die Nudeln in die kochende Suppe geben und nach Packungsangabe bissfest garen. Den Estragon untermischen und die Suppe mit Salz und Pfeffer abschmecken.

Hinweis: Wie gut diese Suppe schmeckt, hängt auch von der Qualität der verwendeten Brühe ab – am besten, Sie kochen sie selbst!

Penne mit Hähnchen und Auberginen

Für 4 Personen

500 g Penne
100 ml Olivenöl
4 schlanke Auberginen, schräg in dünne Scheiben geschnitten
2 Hähnchenbrustfilets
2 TL Zitronensaft
1 Bund Petersilie, gehackt
250 g gegrillte Paprikaschoten in Öl (Glas), in Streifen geschnitten
150 g dünne grüne Spargelstangen, gegart und in kurze Stücke geschnitten
100 g sonnengetrocknete Tomaten, in dünne Streifen geschnitten

Die Pasta in reichlich kochendem Salzwasser nach Packungsangabe bissfest garen. In ein Sieb schütten, abtropfen lassen und zurück in den Topf geben.

Inzwischen 2 EL Olivenöl in einer großen Pfanne sehr heiß werden lassen. Die Auberginenscheiben darin 4–5 Minuten braten, bis sie goldbraun und weich sind.

Eine Grillpfanne dünn mit Öl ausstreichen und heiß werden lassen. Die Hähnchenbrustfilets darin auf jeder Seite 5 Minuten braten, dann in dicke Scheiben schneiden.

Den Zitronensaft mit der Petersilie und dem restlichen Öl in ein kleines Schraubdeckelglas füllen. Das Glas fest verschließen und kräftig schütteln.

Dressing, Fleisch, Auberginen, Paprika, Spargel und Tomaten unter die Pasta im Topf mischen. Das Gericht bei schwacher Hitze heiß werden lassen; sofort servieren.

Pasta mit Lachssauce

Für 4 Personen

500 g kleine Muschelnudeln
400 g Lachsfilet ohne Haut, in kleine Stücke geschnitten
2 EL Zitronensaft
30 g Butter
6 Frühlingszwiebeln, gehackt
2 Knoblauchzehen, zerdrückt
1 EL Mehl
250 ml Milch
250 g saure Sahne
1 kleines Bund Petersilie, gehackt

Die Pasta in reichlich kochendem Salzwasser nach Packungsangabe bissfest garen. In ein Sieb schütten, abtropfen lassen und zurück in den Topf geben.

Den Lachs mit Zitronensaft beträufeln und mit wenig Salz bestreuen; beiseitestellen. Die Butter in einem Topf bei schwacher Hitze zerlassen. Frühlingszwiebeln und Knoblauch darin in etwa 3 Minuten weich dünsten. Das Mehl darüberstreuen und 1 Minute unter Rühren anschwitzen.

Die Milch mit der sauren Sahne verrühren, diese Mischung nach und nach unter ständigem Rühren zur Mehlschwitze gießen. Bei mittlerer Hitze 3 Minuten unter Rühren köcheln lassen, bis die Sauce andickt.

Den Lachs mit der Petersilie zur Sauce geben und in 1–2 Minuten gar ziehen lassen. Die Sauce mit Salz und Pfeffer abschmecken; unter die Pasta heben.

Variante: Anstelle von Lachs Thunfisch aus der Dose nehmen; in dem Fall die Sauce mit 1 TL Senf verfeinern.

Orecchiette mit Brokkoli

Für 6 Personen

750 g Brokkoli, in Röschen zerteilt
500 g Orecchiette
3 EL Olivenöl
½ TL Chiliflocken
30 g Pecorino oder Parmesan, gerieben

Den Brokkoli in kochendem Salzwasser in etwa 5 Minuten bissfest garen. Mit einem Schaumlöffel herausnehmen und gut abtropfen lassen. Das Wasser erneut aufkochen lassen. Die Pasta darin nach Packungsangabe bissfest garen, dann in ein Sieb schütten, abtropfen lassen und zurück in den Topf geben.

Inzwischen das Öl in einer Pfanne bei mittlerer Hitze heiß werden lassen. Brokkoli mit den Chiliflocken dazugeben und unter Rühren 5 Minuten dünsten, bis er zu zerfallen beginnt; abschmecken. Den Brokkoli mit dem Käse unter die Pasta heben und das Gericht sofort servieren.

Pasta all'amatriciana

Für 4–6 Personen

6 dünne Scheiben Pancetta oder
3 Scheiben durchwachsener Speck
1 kg sehr reife Tomaten
500 g Pasta (siehe Hinweise)
1 EL Olivenöl
1 kleine Zwiebel, fein gewürfelt
2 TL fein gehackte Chilischoten

Pancetta oder Speck sehr fein würfeln. Die Tomaten unten kreuzförmig einritzen. Für 1 Minute in kochendes Wasser geben, in kaltem Wasser abschrecken, dann häuten, halbieren, von den Samen befreien und hacken.

Die Pasta in reichlich kochendem Salzwasser nach Packungsangabe bissfest garen. In ein Sieb schütten, abtropfen lassen und zurück in den Topf geben.

Inzwischen das Öl in einer Pfanne bei mittlerer Hitze heiß werden lassen. Pancetta bzw. Speck, Zwiebelwürfel und Chili darin unter Rühren 3 Minuten dünsten. Die Tomaten sowie Salz und Pfeffer (nach Geschmack) hinzufügen. Die Sauce bei schwacher Hitze 3 Minuten köcheln lassen, dann zur Pasta geben und sorgfältig untermischen.

Hinweise: Vermutlich stammt dieses Gericht aus der italienischen Stadt Amatrice. Speck ist dort ein geschätztes regionales Produkt.
Am besten schmecken Eiertomaten an diesem Gericht, da sie beim Garen ein besonders intensives Aroma entwickeln.
Traditionell wird die Sauce mit Bucatini serviert, man kann aber auch andere Pastasorten nehmen.

Spinat-Ricotta-Gnocchi

Für 4–6 Personen

4 Scheiben Weißbrot
125 ml Milch
500 g TK-Spinat, aufgetaut und ausgedrückt
250 g Ricotta
2 Eier
50 g Parmesan, gerieben
3 EL Mehl, mehr zum Arbeiten
Parmesanspäne zum Servieren

Knoblauch-Buttersauce
100 g Butter
2 Knoblauchzehen, zerdrückt
1 reife Tomate, gewürfelt
3 EL gehacktes Basilikum

Das Brot entrinden. Die Scheiben in einer flachen Schale mit der Milch begießen und 10 Minuten einweichen, anschließend herausnehmen und gut ausdrücken. Brot, Spinat, Ricotta, Eier und Parmesan in einer Schüssel gründlich mischen. Die Masse zudecken und 1 Stunde kalt stellen, dann das Mehl unterkneten.

Aus dem Teig mit bemehlten Händen etwa walnussgroße Klößchen formen. In einem Topf reichlich Salzwasser zum Kochen bringen. Die Gnocchi darin portionsweise je etwa 2 Minuten garen, bis sie an die Oberfläche steigen. Auf eine Servierplatte geben und warm halten.

Für die Sauce alle Zutaten in einem kleinen Topf verrühren. Bei mittlerer Hitze 3 Minuten heiß werden lassen, bis die Butter noch nicht gebräunt ist. Die Gnocchi mit der Butter beträufeln, mit Parmesanspänen bestreuen und servieren.

Hühnersuppe mit Gemüse

Für 4 Personen

1 EL Olivenöl
1 Möhre, in Scheiben geschnitten
1 Stange Lauch, gehackt
Fleisch von 2 Hähnchenkeulen, in mundgerechte Stücke geschnitten
3 EL Ditalini oder andere italienische Suppennudeln
1 l Gemüsebrühe
2 vollreife Tomaten, gewürfelt

Das Öl in einem Topf bei mittlerer Hitze heiß werden lassen. Möhre und Lauch darin etwa 1 Minute dünsten. Das Fleisch dazugeben und 2 Minuten mitbraten.

Nudeln und Brühe hinzufügen. Alles zugedeckt aufkochen, dann etwa 10 Minuten köcheln lassen, bis die Nudeln weich sind. 5 Minuten vor Ende der Garzeit die Tomatenwürfel untermischen. Die Suppe abschmecken und mit Brot servieren.

Kleine Nudel-Zucchini-Aufläufe

Für 4 Personen

200 g Risoni (reiskornförmige Pasta)
40 g Butter
4 Frühlingszwiebeln, in dünne Ringe geschnitten
400 g Zucchini, geraspelt
4 Eier
125 g Sahne
100 g Ricotta
100 g Mozzarella, geraspelt
75 g Parmesan, gerieben

Den Backofen auf 180 °C vorheizen. Die Pasta in reichlich kochendem Salzwasser nach Packungsangabe bissfest garen. In ein Sieb schütten und gut abtropfen lassen.

Inzwischen die Butter in einer Pfanne zerlassen. Die Frühlingszwiebeln darin 1 Minute dünsten, die Zucchiniraspel hinzufügen und etwa 4 Minuten mitdünsten, bis sie weich sind; etwas abkühlen lassen.

Die Eier in einer Schüssel mit Sahne, Ricotta, Mozzarella, Pasta und der Hälfte des Parmesans verrühren. Die Zucchinimischung unterheben und die Masse kräftig würzen. Auf vier ofenfeste Förmchen (je 500 ml Inhalt) verteilen (nicht bis zum Rand füllen). Die Aufläufe mit dem restlichen Parmesan bestreuen und im Ofen 25–30 Minuten backen, bis sie goldbraun sind.

Nudel-Frittata mit Krabbenfleisch und Camembert

Für 4–6 Personen

100 g kurze Pasta
1 EL Olivenöl
1 sehr kleine rote Zwiebel, fein gewürfelt
1 große Eiertomate, grob gehackt
50 g sonnengetrocknete Tomaten, grob gewürfelt
2 EL fein gehacktes Koriandergrün
150 g gegartes Krabbenfleisch oder Crabmeat (Dose)
150 g Camembert, entrindet, in kleine Stücke geschnitten
6 Eier
2 Eigelb

Die Pasta in reichlich kochendem Salzwasser nach Packungsangabe bissfest garen. In ein Sieb schütten, abtropfen und etwas abkühlen lassen.

Inzwischen die Hälfte des Öls in einer beschichteten Pfanne mit ofenfestem Griff bei schwacher Hitze heiß werden lassen. Die Zwiebelwürfel darin in 4–5 Minuten glasig dünsten. In eine Schüssel geben, Eiertomate, getrocknete Tomaten und Koriandergrün hinzufügen. Das Krabbenfleisch ebenfalls in die Schüssel füllen (Crabmeat vorher kräftig ausdrücken). Die Hälfte des Camemberts und die abgekühlten Nudeln untermischen.

Die Eier mit den Eigelben verquirlen; unter die Nudelmischung rühren und die Frittatamasse abschmecken. Das restliche Öl in der Pfanne bei schwacher Hitze heiß werden lassen. Die Masse gleichmäßig darin verteilen und in etwa 25 Minuten stocken lassen.

Den Backofengrill auf schwache Hitze vorheizen. Die Frittata mit dem restlichen Camembert bestreuen und 10–15 Minuten übergrillen, bis sie gar und goldbraun ist. Aus dem Ofen nehmen und 5 Minuten abkühlen lassen. In Stücke schneiden und servieren.

Penne mit Ricotta, Chili und Kräutern

Für 4 Personen

500 g Penne
3 EL Olivenöl
3 Knoblauchzehen, zerdrückt
2 TL fein gehackte Chilischoten
1 großes Bund Petersilie, grob gehackt
1 Handvoll Basilikumblätter, in Streifen geschnitten
2 große Handvoll Oreganoblätter, grob gehackt
200 g Ricotta salata, in kleine Würfel geschnitten

Die Pasta in reichlich kochendem Salzwasser nach Packungsangabe bissfest garen. In ein Sieb schütten, abtropfen lassen und zurück in den Topf geben.

Inzwischen das Öl in einer beschichteten Pfanne bei schwacher Hitze heiß werden lassen. Knoblauch und Chili darin 1 Minute anbraten. Die Mischung auf die Pasta geben; Petersilie, Basilikum, Oregano sowie Salz und Pfeffer nach Geschmack hinzufügen. Alles mischen. Ricotta unterheben und das Gericht sofort servieren.

Rustikale Kürbissuppe mit Nudeln

Für 4–6 Personen

1 EL Olivenöl
30 g Butter
1 große Zwiebel, fein gewürfelt
2 Knoblauchzehen, zerdrückt
500 g Kürbisfruchtfleisch, in kleine Würfel geschnitten (siehe Hinweis)
2 vorwiegend festkochende Kartoffeln, geschält und in kleine Würfel geschnitten
3 l Hühnerbrühe
125 g Suppennudeln
1 EL gehackte Petersilie

Das Öl mit der Butter in einem großen Topf erhitzen. Zwiebel und Knoblauch darin unter Rühren 5 Minuten bei schwacher Hitze dünsten.

Kürbis, Kartoffeln und Brühe hinzufügen. Alles aufkochen und zugedeckt 8 Minuten bei schwacher Hitze kochen lassen, bis Kürbis und Kartoffeln weich sind.

Die Nudeln dazugeben und alles unter gelegentlichem Rühren etwa 5 Minuten garen, bis die Nudeln weich sind. Die Suppe mit der Petersilie bestreuen und sofort servieren.

Hinweis: Butternuss- oder Hokkaido-Kürbis geben der Suppe eine feine Süße; Letzteren brauchen Sie nicht einmal zu schälen.

Risoni-Risotto mit Champignons und Speck

Für 4–6 Personen

1 EL Butter
2 Knoblauchzehen, fein gewürfelt
150 g Pancetta oder durchwachsener Speck am Stück, gewürfelt
400 g Champignons, in Scheiben geschnitten
500 g Risoni (reiskornförmige Pasta)
1 l Hühnerbrühe
125 g Sahne
50 g Parmesan, gerieben
1 Bund Petersilie, fein gehackt

Die Butter in einem Topf bei mittlerer Hitze zerlassen. Den Knoblauch darin 30 Sekunden dünsten. Den Speck dazugeben und bei starker Hitze in 3–5 Minuten knusprig braten. Die Pilze hinzufügen und 3–5 Minuten mitbraten, bis sie weich sind.

Die Risoni unterrühren. Die Brühe dazugießen und aufkochen lassen. Bei mittlerer Hitze zugedeckt 15–20 Minuten köcheln lassen, bis fast die gesamte Flüssigkeit verdampft ist und die Risoni gar sind.

Die Sahne unterrühren und den Risoni-Risotto 3 Minuten köcheln lassen, bis die Sahne eingekocht ist. Den Großteil des Parmesans und die Petersilie sowie Salz und Pfeffer (nach Geschmack) untermischen. Den Risotto auf Schalen oder tiefe Teller verteilen und mit dem restlichen Parmesan servieren.

Penne mit Rosmarin und Schinken

1 EL Olivenöl
6 dünne Scheiben luftgetrockneter Schinken, gehackt
1 Zwiebel, fein gewürfelt
2 Dosen gehackte Tomaten (je 400 g)
1 EL gehackter Rosmarin
500 g Penne oder andere kurze Nudeln
50 g Parmesan, gerieben

Das Öl in einer Pfanne erhitzen. Den Schinken und die Zwiebel darin unter gelegentlichem Rühren etwa 5 Minuten bei schwacher Hitze dünsten, bis die Zwiebelwürfel glasig sind.

Die gehackten Tomaten und den Rosmarin sowie Salz und Pfeffer (nach Geschmack) dazugeben; das Ganze 10 Minuten köcheln lassen.

Die Pasta in reichlich kochendem Salzwasser nach Packungsangabe bissfest garen; in ein Sieb schütten und abtropfen lassen. Auf vorgewärmte Schalen verteilen und die Sauce daraufgeben. Mit Parmesan bestreuen und sofort servieren.

Kleine Nudelaufläufe mit Auberginen und Ricotta

Für 4 Personen

200 g Makkaroni
125 ml Olivenöl
1 große Aubergine, längs in 1 cm dicke Scheiben geschnitten
1 kleine Zwiebel, fein gewürfelt
2 Knoblauchzehen, zerdrückt
1 Dose gehackte Tomaten (400 g)
400 g Ricotta
100 g Parmesan, geraspelt
1 Handvoll Basilikumblätter, in Streifen geschnitten
Basilikum zum Garnieren

Den Backofen auf 180 °C vorheizen. Die Pasta in reichlich kochendem Salzwasser nach Packungsangabe bissfest garen. In ein Sieb schütten und abtropfen lassen.

In einer beschichteten Pfanne 2 EL Öl bei mittlerer Hitze heiß werden lassen. Die Auberginenscheiben darin in zwei oder drei Portionen jeweils auf jeder Seite 2–3 Minuten braten, dabei pro Portion 2–3 EL Öl hinzufügen. Auberginenscheiben auf Küchenpapier abtropfen lassen. Zwiebel und Knoblauch in der Pfanne bei mittlerer Hitze in 2–3 Minuten Farbe annehmen lassen. Die Tomaten dazugeben und 5 Minuten mitgaren, bis die Flüssigkeit fast verdampft ist. Die Sauce abschmecken; vom Herd nehmen.

Den Ricotta in einer großen Schüssel mit dem Parmesan, den Basilikumstreifen und der Pasta mischen. Vier Auflaufförmchen (je 375 ml Inhalt) mit Auberginenscheiben auskleiden; was über den Rand hängt, wegschneiden. Die Hälfte der Pastamischung in die Förmchen geben und andrücken. Die Tomatensauce darauf verteilen und die restliche Pastamischung darübergeben. Im Ofen 10–15 Minuten backen, dann herausnehmen und 5 Minuten ruhen lassen. Mit einem Messer am Rand der Förmchen entlangfahren. Die Aufläufe auf Teller stürzen und mit Basilikum garniert servieren.

Pasta mit Kürbis und Schafskäse

Für 4 Personen

750 g Kürbisfruchtfleisch (z. B. Butternusskürbis), in 2 cm große Stücke geschnitten
1 rote Zwiebel, in dünne Ringe geschnitten
8 Knoblauchzehen, ungeschält
1 EL Rosmarinnadeln
75 ml Olivenöl
500 g kurze Pasta
200 g marinierter Schafskäse, zerbröckelt
2 EL geriebener Parmesan
2 EL gehackte Petersilie

Den Backofen auf 200 °C vorheizen. Die Kürbisstücke mit Zwiebelringen, Knoblauch und Rosmarin in eine ofenfeste flache Form geben. Alles mit 1 EL Öl beträufeln, salzen und pfeffern. Die Zutaten mit den Händen mischen, bis sie von Öl überzogen sind. Im heißen Ofen etwa 30 Minuten backen, bis der Kürbis weich ist.

Die Pasta in reichlich kochendem Salzwasser nach Packungsangabe bissfest garen. In ein Sieb schütten, abtropfen lassen und zurück in den Topf geben.

Die Knoblauchzehen aus den Häuten drücken, mit dem restlichen Öl in eine große Schüssel geben und mit einer Gabel zerdrücken.

Die heiße Pasta zum Öl in die Schüssel geben und mischen; Kürbis, Zwiebeln, Schafskäse, Parmesan und Petersilie unterheben. Die Pastamischung mit Salz und Pfeffer abschmecken und sofort servieren.

Kartoffel-Gnocchi mit Tomaten-Basilikum-Sauce

Für 4–6 Personen

Tomatensauce
1 EL Öl
1 Zwiebel, gewürfelt
1 Selleriestange, gehackt
2 Möhren, fein gewürfelt
2 Dosen gehackte Tomaten (je 400 g)
1 TL Zucker
1 sehr große Handvoll Basilikum, gehackt

Gnocchi
1 kg vorwiegend festkochende Kartoffeln, in Stücke geschnitten
30 g Butter
250 g Mehl
2 Eier, verquirlt
geriebener Parmesan zum Bestreuen

Für die Tomatensauce das Öl in einer großen Pfanne erhitzen. Zwiebel, Sellerie und Möhren darin unter Rühren 5 Minuten dünsten. Tomaten und Zucker sowie Salz und Pfeffer (nach Geschmack) hinzufügen. Aufkochen, dann bei sehr schwacher Hitze 20 Minuten köcheln lassen. Vom Herd nehmen und das Basilikum unter die Sauce mischen.

Für die Gnocchi die Kartoffeln in kochendem Wasser in etwa 15 Minuten sehr weich garen. Gut abtropfen lassen, danach fein zerdrücken. Mit einem Kochlöffel zuerst Butter und Mehl, dann die Eier unterrühren. Den Kartoffelteig abkühlen lassen.

Den Teig in zwei gleich große Portionen teilen. Jede zu einer etwa 3 cm dicken Rolle formen und davon 3–4 cm lange Stücke abschneiden. Die Stücke mit den Zinken einer Gabel eindrücken, damit sie Rillen bekommen.

Die Gnocchi in reichlich kochendem Salzwasser etwa 3 Minuten garen, bis sie an die Oberfläche steigen. Mit einem Schaumlöffel herausheben und abtropfen lassen. Mit der Tomatensauce und geriebenem Parmesan zum Bestreuen servieren.

Penne mit Linsensauce

Für 4 Personen

1 l Gemüse- oder Hühnerbrühe
500 g Penne
75 ml Olivenöl, mehr zum Beträufeln
1 Zwiebel, gewürfelt
2 Möhren, gewürfelt
3 Selleriestangen, gewürfelt
3 Knoblauchzehen, zerdrückt
1 1/4 EL gehackter Thymian
1 Dose Linsen (400 g)

Die Brühe in einem großen Topf in 10 Minuten auf etwa die Hälfte einkochen lassen. Inzwischen die Pasta in reichlich kochendem Salzwasser nach Packungsangabe bissfest garen. In ein Sieb schütten, abtropfen lassen, zurück in den Topf geben und mit 2 EL Öl mischen.

Das restliche Öl in einer großen Pfanne mit hohem Rand erhitzen. Zwiebel, Möhren und Sellerie darin in etwa 10 Minuten goldbraun braten. Zwei Drittel des zerdrückten Knoblauchs und 1 EL Thymian hinzufügen und 1 Minute mitbraten. Die Brühe dazugießen; aufkochen und 8 Minuten kochen lassen, bis das Gemüse weich ist. Die Linsen unterrühren und heiß werden lassen.

Restlichen Knoblauch und Thymian untermischen und die Sauce (sie sollte relativ dick eingekocht sein) kräftig abschmecken. Die Linsensauce unter die Pasta heben. Das Gericht sofort servieren, Olivenöl zum Beträufeln dazu reichen.

Süßkartoffel-Pasta-Frikadellen

Für 4 Personen

800 g orangefleischige Süßkartoffeln
100 g Ditalini oder andere italienische Suppennudeln
30 g Pinienkerne, geröstet
2 Knoblauchzehen, zerdrückt
1 kleine Handvoll Basilikumblätter, fein gehackt
50 g Parmesan, gerieben
35 g Semmelbrösel
Mehl zum Bestäuben
Olivenöl zum Braten

Den Backofen auf 250 °C vorheizen. Die Süßkartoffeln rundherum mit einer Gabel einstechen; auf das Backblech legen und etwa 1 Stunde backen, bis sie weich sind; abkühlen lassen.

Inzwischen die Pasta in Salzwasser nach Packungsangabe bissfest garen. In ein Sieb schütten und kalt abspülen.

Die Süßkartoffeln schälen und zerdrücken. Pinienkerne, Knoblauch, Basilikum, Parmesan, Semmelbrösel und Pasta hinzufügen und alles zu einer Masse vermengen; abschmecken.

Aus der Masse mit bemehlten Händen acht Frikadellen formen; diese mit Mehl bestäuben. Das Öl in einer großen Pfanne bei mittlerer Hitze heiß werden lassen. Die Frikadellen darin portionsweise auf jeder Seite etwa 2 Minuten braten, bis sie goldbraun und innen heiß sind. Auf Küchenpapier abtropfen lassen, mit Salz bestreuen und sofort servieren.

Tipps: Wenn die Zeit drängt, den Teig esslöffelweise in die Pfanne geben und die Häufchen mit einer Palette flach drücken.
Zu den Frikadellen schmeckt Aïoli. Dafür 100 g Mayonnaise mit 1 zerdrückten Knoblauchzehe und 1 Spritzer Zitronensaft verrühren; mit Salz und Pfeffer abschmecken.

Orecchiette mit Blumenkohl, Speck und Pecorino

Für 4 Personen

750 g Blumenkohl, in Röschen zerteilt
500 g Orecchiette (siehe Hinweis)
125 ml Olivenöl, mehr zum Beträufeln
150 g durchwachsener Speck, gewürfelt
2 Knoblauchzehen, fein gewürfelt
80 g Pinienkerne, geröstet
50 g Pecorino, gerieben
1 kleines Bund Petersilie, gehackt
50 g frische Brotkrumen, geröstet

Den Blumenkohl in reichlich kochendem Salzwasser in 5–6 Minuten weich garen; abgießen und abtropfen lassen.

Die Pasta in reichlich kochendem Salzwasser nach Packungsangabe bissfest garen. In ein Sieb schütten und abtropfen lassen.

Das Öl in einer großen Pfanne erhitzen. Den Speck darin in 4–5 Minuten glasig und etwas knusprig werden lassen. Den Knoblauch dazugeben und 1 Minute mitbraten. Den Blumenkohl hinzufügen und alles gut mischen.

Pasta, Pinienkerne, Pecorino, Petersilie und zwei Drittel der Brotkrumen in die Pfanne zur Blumenkohlmischung geben und alles unterheben. Das Gericht abschmecken, mit den restlichen Brotkrumen bestreuen, mit Olivenöl beträufeln und sofort servieren.

Hinweis: Orecchiette bedeutet »kleine Ohren«, und so sehen die Nudeln meist auch aus. Falls Sie keine bekommen, können Sie stattdessen kleine Muschelnudeln verwenden.

Pasta mit Tomaten-Basilikum-Sauce

Für 4–6 Personen

500 g Penne
75 ml Olivenöl
4 Knoblauchzehen, zerdrückt
4 Sardellenfilets, fein gehackt
2 kleine rote Chilischoten, von den Samen befreit, fein gehackt
750 g vollreife Tomaten, gehäutet, von den Samen befreit, gewürfelt
75 ml Weißwein
1 EL Tomatenmark
2 TL Zucker
2 EL fein gehackte Petersilie
3 EL in Streifen geschnittenes Basilikum

Die Pasta in reichlich kochendem Salzwasser nach Packungsangabe bissfest garen. In ein Sieb schütten, abtropfen lassen und zurück in den Topf geben.

Inzwischen das Öl in einer Pfanne erhitzen und den Knoblauch darin 30 Sekunden braten. Sardellen und Chilis dazugeben und 30 Sekunden mitbraten. Die Tomaten hinzufügen und alles bei starker Hitze noch 2 Minuten garen. Wein, Tomatenmark und Zucker unter die Tomatenmischung rühren. Die Sauce zugedeckt etwa 10 Minuten köcheln lassen, dann mit den Kräutern unter die Pasta heben. Das Gericht abschmecken und sofort servieren.

Penne mit Speck, getrockneten Tomaten und Zitrone

Für 4 Personen

250 g Penne
3 EL Olivenöl
3 Scheiben Frühstücksspeck, gehackt
1 Zwiebel, gewürfelt
75 ml Zitronensaft
1 EL Thymianblättchen
50 g sonnengetrocknete Tomaten, gehackt
80 g Pinienkerne, geröstet

Die Pasta in reichlich kochendem Salzwasser nach Packungsangabe bissfest garen. In ein Sieb schütten, abtropfen lassen und zurück in den Topf geben.

Inzwischen das Öl in einem großen Topf bei mittlerer Hitze heiß werden lassen. Speck und Zwiebel darin 4 Minuten unter Rühren braten, bis der Speck gebräunt und die Zwiebel glasig ist. Pasta, Zitronensaft, Thymian, Tomaten und Pinienkerne dazugeben. 2 Minuten bei sehr schwacher Hitze unter Rühren heiß werden lassen. Sofort servieren.

Hinweis: Sonnengetrocknete Tomaten werden bitter, wenn man sie zu stark erhitzt.

Pasta mit Erbsen-Sahnesauce und Schinken

Für 4 Personen

100 g luftgetrockneter Schinken, in dünne Scheiben geschnitten
3 TL Öl
2 Eier
250 g Sahne
40 g Parmesan, gerieben
2 EL gehackte Petersilie
1 EL Schnittlauchröllchen
300 g Erbsen (frisch oder TK)
500 g kleine Muschelnudeln

Den Schinken in dünne Streifen schneiden. Das Öl in einer Pfanne bei mittlerer Hitze heiß werden lassen. Den Schinken darin in etwa 2 Minuten knusprig braten; auf Küchenpapier abtropfen lassen. Die Eier in einer großen Schüssel mit Sahne, Parmesan und Kräutern verquirlen.

Die frischen oder gefrorenen Erbsen in reichlich sprudelnd kochendes Salzwasser geben und in etwa 5 Minuten bissfest garen. Die Erbsen mit einem Schaumlöffel aus dem Topf nehmen (das Wasser weiter kochen lassen) und mit 3 EL Garflüssigkeit zur Sahnemischung geben; mit einem Kartoffelstampfer oder einer Gabel grob zerdrücken.

Die Pasta in das kochende Erbsenwasser geben und nach Packungsangabe bissfest garen. Abgießen und zurück in den Topf geben. Die Sahne-Erbsen-Mischung hinzufügen und etwa 30 Sekunden unter vorsichtigem Rühren erwärmen. Gericht abschmecken, auf Teller verteilen, mit dem Schinken garnieren; sofort servieren.

Hinweis: Die Sauce nicht zu stark erhitzen, sonst stocken die Eier.

Orecchiette mit Pilzen, Speck und geräuchertem Mozzarella

Für 4 Personen

500 g Orecchiette
2 EL Olivenöl
150 g Pancetta oder anderer durchwachsener Speck, in dünne Streifen geschnitten
200 g Champignons, in Scheiben geschnitten
2 Stangen Lauch, in Scheiben geschnitten
250 g Sahne
200 g geräucherter Mozzarella, in 1 cm große Würfel geschnitten
8 Basilikumblätter, in Stücke gezupft

Die Orecchiette in reichlich kochendem Salzwasser nach Packungsangabe bissfest garen. In ein Sieb schütten, abtropfen lassen und zurück in den Topf geben.

Inzwischen das Öl in einer großen Pfanne erhitzen. Speck, Pilze und Lauch darin unter Rühren 5 Minuten braten. Die Sahne untermischen und die Sauce mit Pfeffer abschmecken – Salz wird nicht nötig sein, weil der Speck recht salzig ist. Die Sauce bei schwacher Hitze 5 Minuten köcheln lassen. Die Orecchiette mit der Sauce mischen, dann Mozzarella und Basilikum unterheben.

Tipps: Figurbewusste können die Hälfte der Sahne durch Gemüse- oder Geflügelbrühe ersetzen. Anstelle von geräuchertem Mozzarella können Sie geräucherten Provolone oder Scamorza verwenden.

Nudelsalat mit gerösteten Tomaten und Pesto-Dressing

Für 4 Personen

150 ml Olivenöl
500 g Cocktailtomaten
5 Knoblauchzehen, ungeschält
500 g Penne
100 g Pesto
3 EL Balsamico-Essig
Basilikumblätter zum Garnieren

Den Backofen auf 180 °C vorheizen. In eine ofenfeste Form 2 EL Öl geben und die Form für 5 Minuten in den Ofen stellen. Tomaten und Knoblauchzehen sowie Salz und Pfeffer (nach Geschmack) hinzufügen und alles gut mischen. Tomaten und Knoblauch im heißen Ofen 30 Minuten rösten.

Die Pasta in reichlich kochendem Salzwasser nach Packungsangabe bissfest garen. In ein Sieb schütten, abtropfen lassen und zurück in den Topf geben.

Die Knoblauchzehen aus den Häuten in eine Schüssel drücken. Das restliche Öl, den Pesto, den Essig und 3 EL Garsud von den Tomaten hinzufügen und alles zu einem Dressing verrühren. Das Dressing abschmecken, zur Pasta geben und sorgfältig untermischen. Die gerösteten Tomaten unterheben; den Salat mit Basilikum bestreuen. Der Salat kann bis zu 4 Stunden im Voraus zubereitet und warm oder kalt serviert werden.

Farfalle mit Fisch-Zitronen-Sauce

Für 4 Personen

500 g Farfalle
300 g Sahne
1 große Handvoll junger Rucola
3 TL sehr kleine Kapern (Nonpareilles), abgetropft
1 1/2 TL abgeriebene unbehandelte Zitronenschale
500 g Fischfilet (z. B. Thunfisch-, Lachs- oder anderes festfleischiges Fischfilet), in 1 cm große Stücke geschnitten
50 ml Zitronensaft
1 Prise Chiliflocken (nach Belieben)

Die Pasta in reichlich kochendem Salzwasser nach Packungsangabe bissfest garen. In ein Sieb schütten, abtropfen lassen und zurück in den Topf geben.

Inzwischen die Sahne mit Rucola und Kapern in einer großen Pfanne mit hohem Rand verrühren und langsam zum Kochen bringen. Die Zitronenschale untermischen und die Sauce etwa 1 Minute köcheln lassen, bis der Rucola zusammengefallen ist.

Fischstücke, Zitronensaft und Pasta in die Pfanne geben. Alles sorgfältig mischen und 1–2 Minuten auf dem Herd durchziehen lassen, bis der Fisch gar ist. Das Gericht mit Salz, weißem Pfeffer und, nach Belieben, mit Chiliflocken abgeschmeckt servieren.

Penne mit Tomaten-Zwiebel-Konfitüre und Oliven

Für 4 Personen

3 EL Olivenöl
4 rote Zwiebeln, in Ringe geschnitten
1 EL Zucker
2 EL Balsamico-Essig
2 Dosen gehackte Tomaten (je 400 g)
500 g Penne
150 g entsteinte kleine schwarze Oliven
75 g geraspelter Parmesan

Das Öl in einer beschichteten Pfanne erhitzen. Die Zwiebelringe mit dem Zucker hinzufügen; 25–30 Minuten bei schwacher Hitze unter gelegentlichem Rühren karamellisieren lassen.

Den Essig untermischen und das Ganze 5 Minuten köcheln lassen, dann die Tomaten dazugeben. Die Sauce aufkochen und anschließend bei mittlerer bis schwacher Hitze etwa 25 Minuten köcheln lassen, bis sie konfitürenartig eingekocht ist.

Die Pasta in reichlich kochendem Salzwasser nach Packungsangabe bissfest garen. In ein Sieb schütten, abtropfen lassen und zurück in den Topf geben. Die Tomatenkonfitüre und die Oliven hinzufügen und untermischen. Das Gericht abschmecken, mit Parmesanspänen bestreuen und sofort servieren.

Hinweis: Karamellisierte Zwiebeln halten sich, mit Öl bedeckt, im Kühlschrank einige Tagen. Zusammen mit Ziegenfrischkäse ergeben sie einen interessanten Belag für einen Blätterteig- oder Pizzaboden.

Penne mit Steinpilzen und Walnüssen

Für 4 Personen

20 g getrocknete Steinpilze
500 g Penne
2 EL Olivenöl
1 Zwiebel, fein gewürfelt
2 Knoblauchzehen, zerdrückt
24 kleine Champignons, in Scheiben geschnitten
3 Zweige Thymian
100 g Walnusskerne
2 EL saure Sahne
geriebener Parmesan zum Bestreuen

Die Steinpilze in einer Schüssel mit kochend heißem Wasser bedecken und 30 Minuten einweichen. Falls nötig, nach einiger Zeit noch etwas Wasser dazugießen (die Pilze sollen während der gesamten Einweichzeit mit Wasser bedeckt sein).

Die Penne in reichlich kochendem Salzwasser nach Packungsangabe bissfest garen. In ein Sieb schütten, abtropfen lassen und zurück in den Topf geben.

Das Öl in einer großen Pfanne mit hohem Rand erhitzen. Die Zwiebelringe mit dem Knoblauch darin braten, bis sie glasig sind. Die Steinpilze mitsamt Einweichwasser, die Champignons und den Thymian dazugeben und mitbraten, bis fast die gesamte Flüssigkeit verdampft ist.

Die Walnusskerne in einer zweiten Pfanne ohne Fett rösten. Auf einem Teller abkühlen lassen, dann grob hacken und unter die Pilzmischung rühren. Die Pilz-Nuss-Mischung unter die Pasta heben und die saure Sahne untermischen. Das Gericht abschmecken und sofort mit geriebenem Parmesan zum Bestreuen servieren.

Farfalle mit Frühlingsgemüse

Für 4 Personen

500 g Farfalle (Schmetterlingsnudeln)
30 g Butter
150 g TK-Dicke-Bohnen-Kerne
200 g Zuckerschoten
150 g grüner Spargel, in kurze Stücke geschnitten
250 g Sahne
50 g geriebener Parmesan

Die Pasta in reichlich kochendem Salzwasser nach Packungsangabe bissfest garen. In ein Sieb schütten, abtropfen lassen und zurück in den Topf geben.

Die Bohnenkerne für 2 Minuten in kochendes Wasser geben; in Eiswasser abschrecken und in einem Sieb abtropfen lassen. Die Kerne aus den Häuten drücken (falls nötig, die Häute vorher vorsichtig einritzen).

Die Butter in einer Pfanne zerlassen. Gemüse, Sahne und Parmesan hinzufügen und alles 3–4 Minuten köcheln lassen, bis die Zuckerschoten und die Spargelstücke noch bissfest sind. Die Sauce auf die warme Pasta gießen und behutsam unterheben. Das Gericht sofort servieren.

Hinweis: Klassisch wird die Gemüsesauce mit Spaghetti angerichtet.

Penne mit Kalbsragout

Für 4 Personen

2 Zwiebeln, in Ringe geschnitten
1–2 EL Olivenöl
2 Lorbeerblätter
1,5 kg Kalbsbeinscheiben (Ossobuco), 3–4 cm dick
250 ml Rotwein
2 Dosen gehackte Tomaten (je 400 g)
400 ml Rinderbrühe
2 TL gehackter Rosmarin
500 g Penne
150 g TK-Erbsen

Den Backofen auf 220 °C vorheizen. Die Zwiebelringe in einen Bräter geben und mit dem Olivenöl mischen. Lorbeerblätter und Fleischstücke darauf legen. Im Ofen 10–15 Minuten rösten, bis das Fleisch gebräunt ist – die Zwiebeln dürfen dabei nicht verbrennen.

Den Wein über das Fleisch gießen und alles 5 Minuten im Ofen weitergaren. Die Ofentemperatur auf 180 °C senken. Tomaten, Brühe und 1 TL Rosmarin in den Bräter geben. Bräter schließen und wieder in den Ofen stellen. Das Fleisch etwa 2 Stunden schmoren, bis es sich leicht von den Knochen lösen lässt.

Den Bräter öffnen und das Ragout noch weitere 15 Minuten garen, bis die Flüssigkeit etwas eingekocht ist.

Die Pasta in reichlich kochendem Salzwasser nach Packungsangabe bissfest garen. In ein Sieb schütten, abtropfen lassen und zurück in den Topf geben.

Den Bräter aus dem Ofen nehmen und das Ragout etwas abkühlen lassen. Die Erbsen und den restlichen Rosmarin untermischen; das Ragout bei mittlerer Hitze 5 Minuten köcheln lassen, bis die Erbsen gar sind. Das Ragout auf der Pasta anrichten.

Farfalle mit Spinat und Speck

Für 4 Personen

500 g Farfalle
2 EL Olivenöl
250 g durchwachsener Speck, in dünne Stifte geschnitten
1 rote Zwiebel, fein gewürfelt
250 g junger Blattspinat
1–2 EL süße Chilisauce
30 g Schafskäse, zerbröckelt

Die Pasta in reichlich kochendem Salzwasser nach Packungsangabe bissfest garen. In ein Sieb schütten, abtropfen lassen und zurück in den Topf geben.

Inzwischen das Öl in einer Pfanne bei mittlerer Hitze heiß werden lassen. Den Speck darin in etwa 3 Minuten goldbraun braten. Die Zwiebelwürfel hinzufügen und in etwa 4 Minuten glasig dünsten. Den Spinat untermischen und in etwa 30 Sekunden zusammenfallen lassen.

Die Speck-Spinat-Mischung unter die Pasta heben, dann die Chilisauce unterrühren. Das Gericht abschmecken, auf vorgewärmte tiefe Teller verteilen und mit dem Schafskäse bestreuen. Sofort servieren.

Penne mit Hähnchenbrust, Spargel und Ziegenfrischkäse

Für 4 Personen

500 g Penne
400 g grüner Spargel, in kurze Stücke geschnitten
1 EL Olivenöl
2 Hähnchenbrustfilets, in kleine Würfel geschnitten
1 EL fein gehackter Thymian
250 ml Hühnerbrühe
75 ml Balsamico-Essig
150 g Ziegenfrischkäse, zerbröckelt

Die Pasta in reichlich kochendem Salzwasser nach Packungsangabe bissfest garen. In ein Sieb schütten, abtropfen lassen und zurück in den Topf geben.

Die Spargelstücke in kochendem Salzwasser in etwa 3 Minuten bissfest garen.

Das Öl in einem Topf bei starker Hitze heiß werden lassen. Das Hähnchenfleisch darin portionsweise je 5 Minuten unter gelegentlichem Rühren kräftig anbraten. Alle Fleischwürfel wieder in den Topf geben. Den Thymian hinzufügen und 1 Minute mitbraten. Brühe und Essig angießen. Aufkochen, dann 3–4 Minuten bei schwacher Hitze unter Rühren köcheln lassen, bis die Sauce etwas eingekocht ist. Den Spargel untermischen. Die Sauce unter die Pasta heben. Das Gericht abschmecken, mit Käse bestreuen und servieren.

Tipp: Statt Ziegenkäse können Sie Schafskäse verwenden.

Paprikaschoten mit Pastafüllung

Für 4–6 Personen

1 EL Olivenöl, mehr für die Form
1 Zwiebel, fein gewürfelt
1 Knoblauchzehe, zerdrückt
3 Scheiben Frühstücksspeck, fein gewürfelt
150 g Risoni (reiskornförmige Pasta), gekocht
150 g Mozzarella, geraspelt
50 g Parmesan, gerieben
2 EL gehackte Petersilie
4 große rote Paprikaschoten, mitsamt den Stielen längs halbiert, von den Samen befreit
1 Dose gehackte Tomaten (400 g)
125 ml Weißwein
1 EL Tomatenmark
½ TL gemahlener Oregano
2 EL gehacktes Basilikum

Den Backofen auf 180 °C vorheizen. Eine große Auflaufform dünn fetten. Das Öl in einer Pfanne bei schwacher Hitze heiß werden lassen. Die Zwiebelwürfel darin mit dem Knoblauch glasig dünsten. Den Speck dazugeben und unter Rühren knusprig braten.

Die Mischung in einer großen Schüssel mit Risoni, Mozzarella, Parmesan und Petersilie verrühren. In die Paprikahälften füllen und diese in die Auflaufform setzen.

Die Tomaten mit Wein, Tomatenmark und Oregano verrühren. Auf die gefüllten Paprikaschoten verteilen und mit Basilikum bestreuen. Im heißen Ofen 35–40 Minuten garen.

Nudelsalat mit Hähnchenfleisch

Für 4 Personen

400 ml Hühnerbrühe
250 g Hähnchenbrustfilet
500 g Fusilli
150 g grüner Spargel, in kurze Stücke geschnitten
150 g Gruyère, gerieben
2 Frühlingszwiebeln, in feine Ringe geschnitten

Dressing
3 EL Olivenöl
3 EL Zitronensaft
½ TL Zucker

Die Brühe aufkochen lassen. Das Hähnchenbrustfilet in die Brühe legen und etwa 10 Minuten in der schwach köchelnden Brühe gar ziehen lassen. Herausnehmen, abkühlen lassen und in dünne Scheiben schneiden.

Die Pasta in reichlich kochendem Salzwasser nach Packungsangabe bissfest garen. In ein Sieb schütten, abtropfen und abkühlen lassen.

Die Spargelstücke für 2 Minuten in kochendes Wasser geben. Abgießen und in Eiswasser abschrecken. In einem Sieb abtropfen lassen, dann in einer großen Schüssel mit Fleisch, Pasta und Käse mischen.

Das Olivenöl mit Zitronensaft und Zucker zu einem Dressing verrühren. Das Dressing abschmecken und unter den Salat heben. Mit Frühlingszwiebelringen bestreuen und servieren.

Frühlings-Minestrone

Für 4–6 Personen

3 EL Olivenöl
50 g Pancetta oder anderer durchwachsener Speck, fein gewürfelt
2 Zwiebeln, gewürfelt
2 Knoblauchzehen, in dünne Scheiben geschnitten
2 kleine Selleriestangen, in Scheiben geschnitten
2 l Hühnerbrühe
50 g kurze Makkaroni
2 Zucchini, fein gewürfelt
150 g Wirsing, in Streifen geschnitten
200 g grüne Bohnen, in kleine Stücke geschnitten
150 g TK-Erbsen
50 g junger Blattspinat
1 kleine Handvoll Basilikumblätter, gehackt
grob geraspelter Parmesan zum Bestreuen

Das Öl in einem großen Topf erhitzen. Speck, Zwiebeln, Knoblauch und Sellerie darin bei schwacher Hitze unter gelegentlichem Rühren etwa 8 Minuten braten, bis Zwiebeln und Sellerie weich, aber noch nicht gebräunt sind; die Brühe dazugießen. Aufkochen, dann zugedeckt bei schwacher Hitze 10 Minuten köcheln lassen.

Die Makkaroni hinzufügen und in der kochenden Brühe nach Packungsangabe bissfest garen. Zucchini, Wirsing, Bohnen und Erbsen unterrühren und alles 5 Minuten köcheln lassen. Den Spinat mit dem Basilikum untermischen und in etwa 2 Minuten zusammenfallen lassen. Die Suppe abschmecken; mit Parmesan zum Bestreuen servieren.

Muschelnudeln mit Walnusspesto

Für 4–6 Personen

125 g Weißbrot vom Vortag, entrindet
200 g Walnusskerne, grob gehackt
500 g kleine Muschelnudeln
1 sehr große Handvoll Basilikum, grob gehackt
2–3 Knoblauchzehen
1 kleine rote Chilischote, von den Samen befreit, grob gehackt
½ TL abgeriebene unbehandelte Zitronenschale
3 EL Zitronensaft
125 ml Olivenöl

Den Backofen auf 160 °C vorheizen. Das Brot in 2 cm dicke Scheiben schneiden. Brotscheiben und Walnusskerne auf einem Backblech im heißen Ofen 8–10 Minuten rösten, bis das Brot etwas trockener ist und die Nüsse Farbe angenommen haben. Die Nüsse nicht zu lange rösten, sonst werden sie bitter.

Pasta in reichlich kochendem Salzwasser nach Packungsangabe bissfest garen. In ein Sieb schütten und abtropfen lassen, dann zurück in den Topf geben.

Das geröstete Brot in Stücke brechen und mit Nüssen, Basilikum, Knoblauch, Chili, Zitronenschale und Zitronensaft in der Küchenmaschine oder im Mixer sehr fein zerkleinern – es soll jedoch keine Paste entstehen. Die Mischung in eine Schüssel geben und das Öl unterrühren. Das Pesto unter die Nudeln mischen. Das Gericht mit Salz und Pfeffer abschmecken; sofort servieren.

Hinweis: Das Öl nicht mit in die Küchenmaschine oder den Mixer geben, sonst wird das Pesto zu cremig.

Nudel-Bohnen-Salat mit Kreuzkümmel-Koriander-Dressing

Für 6 Personen

300 g Fusilli
2 EL Sonnenblumenöl
1 Stange Lauch, in Scheiben geschnitten
1 rote Paprikaschote, gewürfelt
125 g junger Blattspinat, in Streifen geschnitten
150 g kleine Champignons, halbiert
1 Dose rote Kidneybohnen (300 g)
1 Dose weiße Bohnen (300 g)
2 EL Schnittlauchröllchen
1/2 TL frisch gemahlener schwarzer Pfeffer
50 g Sonnenblumenkerne, geröstet

Kreuzkümmel-Koriander-Dressing
2 EL Apfelessig
2 Knoblauchzehen, zerdrückt
1/2 TL gemahlener Kreuzkümmel
1/2 TL gemahlener Koriander
125 ml Olivenöl

Die Pasta in reichlich kochendem Salzwasser nach Packungsangabe bissfest garen. In ein Sieb schütten und abtropfen lassen, dann zurück in den Topf geben.

Das Öl in einem großen Topf bei mittlerer Hitze heiß werden lassen. Lauch und Paprika darin 2–3 Minuten pfannenrühren. Spinat und Pilze dazugeben und 1 Minute weiterrühren, bis der Spinat zusammengefallen ist. Die Bohnen in einem Sieb abtropfen lassen. Anschließend mit der Gemüsemischung, dem Schnittlauch und Pfeffer zur Pasta geben.

Für das Dressing den Essig mit Knoblauch, Kreuzkümmel und Koriander mischen. Nach und nach mit einem Schneebesen das Olivenöl darunterschlagen. Das Dressing sorgfältig unter die Nudelmischung heben. Den Salat mit den gerösteten Sonnenblumenkernen bestreuen und servieren.

Cavatelli mit Kräutersauce und Pecorino

Für 4 Personen

500 g Cavatelli (siehe Hinweis)
100 g Butter
2 Knoblauchzehen, zerdrückt
3 EL Schnittlauchröllchen
3 EL in Streifen geschnittenes Basilikum
1 EL in Streifen geschnittener Salbei
1 TL Thymian
3 EL warme Gemüsebrühe
50 g geriebener Pecorino oder Parmesan

Die Pasta in reichlich kochendem Salzwasser nach Packungsangabe bissfest garen. In ein Sieb schütten und abtropfen lassen, dann zurück in den Topf geben.

Inzwischen die Butter in einem kleinen Topf bei mittlerer Hitze zerlassen. Den Knoblauch darin etwa 1 Minute dünsten, bis er duftet. Die Kräuter hinzufügen und 1 Minute unterrühren.

Die Kräuterbutter und die Brühe zur Pasta geben. Alles bei schwacher Hitze in 2–3 Minuten heiß werden lassen. Abschmecken, dann den Pecorino oder Parmesan untermischen und das Gericht zum Servieren auf vier Schalen verteilen.

Hinweis: Cavatelli ist eine kurze Pastasorte mit eingerollten Kanten. Sie können sie durch kleine Muschelnudeln ersetzen.

Griechischer Nudelauflauf

Für 6 Personen

400 g Kritharaki oder Risoni (reiskornförmige griechische bzw. italienische Pasta)
50 g Butter, mehr für die Form
6 Frühlingszwiebeln, gehackt
500 g junger Blattspinat, gehackt
2 EL Mehl
1,25 l Milch
250 g Kefalotiri (griechischer Hartkäse aus Schafsmilch; ersatzweise Parmesan)
250 g marinierter Schafskäse
3 EL gehackter Dill

Den Backofen auf 190 °C vorheizen. Die Pasta in reichlich kochendem Salzwasser nach Packungsangabe bissfest garen. In ein Sieb schütten und abtropfen lassen; zurück in den Topf geben.

In einem großen Topf 1 EL Butter zerlassen. Die Frühlingszwiebeln darin 30 Sekunden braten. Den Spinat hinzufügen und unter Rühren in etwa 1 Minute zusammenfallen lassen. Die Mischung abschmecken und zur Pasta geben.

Die restliche Butter in dem Topf zerlassen, in dem die Frühlingszwiebel-Spinat-Mischung war. Das Mehl darin 1 Minute anschwitzen. Vom Herd nehmen, nach und nach die Milch unterrühren. Wieder auf den Herd stellen und die Sauce unter ständigem Rühren 5 Minuten köcheln und andicken lassen.

Den Kefalotiri raspeln. Zwei Drittel davon und den gesamten Schafskäse in die Sauce geben und unter Rühren schmelzen lassen. Vom Herd nehmen, den Dill untermischen und die Sauce abschmecken.

Die Sauce mit der Pasta mischen. Das Ganze in eine dünn gefettete Auflaufform (2,5 l Inhalt) füllen, mit dem restlichen Käse bestreuen und im heißen Ofen etwa 15 Minuten backen.

Nudelsalat mit getrockneten Tomaten und Spinat

Für 4–6 Personen

500 g Farfalle oder Fusilli
3 Frühlingszwiebeln, fein gehackt
50 g sonnengetrocknete Tomaten, in Streifen geschnitten
500 g junger Blattspinat, in Streifen geschnitten
50 g Pinienkerne, geröstet
1 EL gehackter Oregano

Dressing
3 EL Olivenöl
1 TL gehackte Chilischote
1 Knoblauchzehe, zerdrückt

Die Pasta in reichlich kochendem Salzwasser nach Packungsangabe bissfest garen. In ein Sieb schütten und kalt abspülen, dann in eine große Schüssel geben. Frühlingszwiebeln, Tomaten, Spinat, Pinienkerne und Oregano hinzufügen.

Für das Dressing das Öl mit Chili und Knoblauch in ein kleines Schraubdeckelglas füllen. Das Glas verschließen und kräftig schütteln.

Das Dressing zum Salat gießen; alles sorgfältig mischen. Sofort servieren.

Nudelauflauf mit Schinken und Speck

Für 4 Personen

250 g Makkaroni
1 EL Olivenöl, mehr für die Form
1 Zwiebel, in Ringe geschnitten
125 g Pancetta oder anderer durchwachsener Speck, gewürfelt
125 g gekochter Schinken, in Streifen geschnitten
4 Eier
250 ml Milch
250 g Sahne
2 EL Schnittlauchröllchen
125 g Emmentaler oder ein anderer Bergkäse, geraspelt
125 g Mozzarella, gehackt

Den Backofen auf 180 °C vorheizen. Die Pasta in reichlich kochendem Salzwasser nach Packungsangabe bissfest garen. In ein Sieb schütten und abtropfen lassen, dann in einer leicht gefetteten ofenfesten Form (2 l Inhalt) verteilen.

Das Öl in einer großen Pfanne bei schwacher Hitze heiß werden lassen. Die Zwiebelringe darin glasig dünsten. Den Speck hinzufügen; 2 Minuten mitbraten, dann die Schinkenstreifen untermischen. Vom Herd nehmen und abkühlen lassen.

Die Eier mit Milch, Sahne und Schnittlauch sowie Salz und Pfeffer (nach Geschmack) verquirlen. Emmentaler bzw. Bergkäse, Mozzarella und die Speckmischung dazugeben und unterrühren. Den Eierguss auf den Makkaroni verteilen. Den Auflauf im heißen Ofen 35–40 Minuten backen, bis der Guss gestockt ist.

Nudelsalat mit Tomaten, Halloumi und Spinat

Für 6 Personen

6 Eiertomaten
Zucker zum Bestreuen
4 Knoblauchzehen, fein gewürfelt
500 g Rigatoni
3 EL Zitronensaft
3 EL Olivenöl
200 g Halloumi, in dünne Scheiben geschnitten
100 g junger Blattspinat

Den Backofen auf 180 °C vorheizen. Ein Backblech mit Alufolie belegen. Die ganzen Tomaten daraufgeben und großzügig mit Zucker, Salz, Pfeffer und Knoblauch bestreuen. Im heißen Ofen etwa 1 Stunde rösten, bis sie geschrumpft und fast getrocknet sind. Herausnehmen, abkühlen lassen und halbieren.

Inzwischen die Pasta in reichlich kochendem Salzwasser nach Packungsangabe bissfest garen. In ein Sieb schütten, kalt abspülen, und gut abtropfen lassen. Zum Abkühlen in eine große Schüssel geben.

Den Zitronensaft mit dem Olivenöl zu einem Dressing verrühren. Das Dressing mit Salz und Pfeffer abschmecken und unter die Pasta heben. Die halbierten Tomaten, die Käsescheiben und den Spinat unter die angemachten Nudeln mischen.

Gnocchi-Gratin

Für 4 Personen

500 g frische Kartoffel-Gnocchi
30 g kalte Butter in Stückchen, mehr für die Form
1 EL gehackte Petersilie
100 g Fontina (italienischer Weichkäse), in Scheiben geschnitten
100 g Provolone (italienischer Hartkäse), in Scheiben geschnitten

Den Backofen auf 200 °C vorheizen. Die Gnocchi in reichlich kochendem Salzwasser portionsweise je etwa 2 Minuten garen, bis sie an die Oberfläche steigen. Mit einem Schaumlöffel aus dem Wasser heben und gut abtropfen lassen.

Die Gnocchi in eine dünn gefettete ofenfeste Form geben. Mit Butter und Petersilie bestreuen, dann mit den Käsescheiben belegen. Das Ganze im heißen Ofen 10 Minuten backen, bis der Käse geschmolzen ist.

Nudelsalat mit gegrillter Paprika und Sardellen

Für 4–6 Personen

500 g Penne oder Fusilli
2 große rote Paprikaschoten
1 kleine Zwiebel, fein gewürfelt
2 große Handvoll Petersilienblätter
2 Sardellenfilets, ganz oder gehackt
3 EL Olivenöl
2 EL Zitronensaft

Die Pasta in reichlich kochendem Salzwasser nach Packungsangabe bissfest garen. In ein Sieb schütten und kalt abspülen; abtropfen lassen.

Die Paprikaschoten in große Stücke schneiden, dabei Samen und Trennwände entfernen. Die Stücke mit den Hautseiten nach oben unter den heißen Backofengrill schieben und 8 Minuten grillen, bis die Haut blasig und verkohlt ist. In einem Gefrierbeutel abkühlen lassen, dann häuten und in Streifen schneiden.

Die Pasta mit Paprika, Zwiebel, Petersilie, Sardellen, Olivenöl und Zitronensaft mischen. Den Salat abschmecken und sofort servieren.

Tipp: Gegrillte und gehäutete Paprikaschoten schmecken wunderbar süß. Sie können die Schoten einen Tag im Voraus grillen und häuten; zugedeckt im Kühlschrank aufbewahren.

Penne mit Süßkartoffeln und Schinken

Für 4 Personen

500 g Penne
500 g orangefleischige Süßkartoffeln, geschält und gewürfelt
2 EL Olivenöl
5 Frühlingszwiebeln, in Ringe geschnitten
2 kleine Knoblauchzehen, zerdrückt
8 dünne Scheiben luftgetrockneter Schinken, gehackt
125 g getrocknete Tomaten in Öl, abgetropft und in Scheiben geschnitten
1 kleine Handvoll Basilikum, in Streifen geschnitten

Die Penne in reichlich kochendem Salzwasser nach Packungsangabe bissfest garen. In ein Sieb schütten und abtropfen lassen, dann zurück in den Topf geben.

Inzwischen die Süßkartoffelwürfel etwa 5 Minuten dämpfen, bis sie weich sind. Das Öl in einem Topf bei mittlerer Hitze heiß werden lassen. Frühlingszwiebeln, Knoblauch und Süßkartoffeln in den Topf geben und 2–3 Minuten unter Rühren dünsten. Schinken und Tomaten hinzufügen und 1 Minute mitdünsten.

Die Süßkartoffelmischung unter die Pasta geben und bei schwacher Hitze erwärmen. Basilikum und frisch gemahlenen schwarzen Pfeffer unterheben. Sofort servieren.

Pasta mit Jakobsmuscheln und buttriger Maissauce

Für 4 Personen

400 g kleine Muschelnudeln
20 große ausgelöste Jakobsmuscheln (ohne Rogen)
2 EL Cajun-Gewürzmischung
2 EL Maiskeimöl
1 Dose Maiskörner (400 g)
250 g Butter
3 Knoblauchzehen, zerdrückt
50 ml Limettensaft
4 EL fein gehacktes Koriandergrün

Die Pasta in reichlich kochendem Salzwasser nach Packungsangabe bissfest garen. In ein Sieb schütten und abtropfen lassen, dann zurück in den Topf geben. Die Jakobsmuscheln mit Küchenpapier trocken tupfen und in der Gewürzmischung wenden. Das Öl in einer großen Pfanne stark erhitzen. Die Muscheln darin auf jeder Seite 1 Minute anbraten; herausnehmen, zudecken und warm halten.

Den Mais in einem Sieb abtropfen lassen. Die Butter in der Pfanne bei mittlerer Hitze aufschäumen und in 4 Minuten goldbraun werden lassen. Vom Herd nehmen, Knoblauch, Mais und Limettensaft untermischen. Die Maismischung und 2 EL Koriandergrün unter die Pasta mischen. Alles abschmecken und auf vier tiefe Teller verteilen. Die Portionen mit den Jakobsmuscheln belegen, mit der Bratbutter beträufeln und mit dem restlichen Koriandergrün bestreuen.

Tipps: Die Jakobsmuscheln sollten beim Braten in der Pfanne Abstand zueinander haben, damit sie keinen Saft abgeben und nicht zäh werden. Verwenden Sie für dieses Gericht eine Edelstahl- oder eine andere Pfanne, die hoch erhitzt werden kann. Darin wird die Butter schön braun und das Aroma kann sich optimal entwickeln.

Rindfleisch-Nudel-Salat mit Kürbiskernpesto

Für 4 Personen

1 große gelbe Paprikaschote, geviertelt
1 große rote Paprikaschote, geviertelt
Öl zum Braten
2 Filetsteaks vom Rind (je etwa 100 g)
200 g Penne
100 g kleine Champignons, geviertelt

Pesto
2 große Handvoll Basilikum
2 Knoblauchzehen, gehackt
2 EL Kürbiskerne
2 EL Olivenöl
2 EL Orangensaft
1 EL Zitronensaft

Die Paprikaviertel mit den Hautseiten nach oben auf ein Backblech legen. Unter den heißen Backofengrill schieben und grillen, bis die Haut blasig und verkohlt ist. In einem Gefrierbeutel abkühlen lassen, dann häuten und würfeln.

In einer beschichteten Pfanne etwas Öl bei starker Hitze heiß werden lassen. Die Steaks darin auf jeder Seite 1–2 Minuten braten, dann herausnehmen, 5 Minuten ruhen lassen, in Streifen schneiden und etwas salzen.

Für das Pesto das Basilikum mit Knoblauch und Kürbiskernen in der Küchenmaschine oder im Mixer fein zerkleinern. Bei laufendem Motor Öl, Orangen- und Zitronensaft dazugeben; das Pesto mit Salz und Pfeffer abschmecken.

Die Pasta in reichlich kochendem Salzwasser nach Packungsangabe bissfest garen. In einem Sieb abtropfen lassen und zurück in den Topf geben. Mit dem Pesto mischen.

Paprika, Fleisch und Pilze zur Pasta geben und sorgfältig untermischen. Den Salat sofort servieren.

Nudel-Käse-Gratin

Für 4 Personen

500 g Hörnchennudeln
2 EL Butter
300 g Sahne
125 g Fontina (italienischer Weichkäse), in Scheiben geschnitten
125 g Provolone (italienischer Hartkäse), geraspelt
100 g Gruyère, geraspelt
125 g Blauschimmelkäse, zerbröckelt
50 g frische Brotkrumen, mit 3 EL geriebenem Parmesan gemischt

Den Backofen auf 180 °C vorheizen. Die Pasta in reichlich kochendem Salzwasser nach Packungsangabe bissfest garen. In ein Sieb schütten und abtropfen lassen, dann zurück in den Topf geben.

Die Hälfte der Butter in einem großen Topf zerlassen. Die Sahne dazugießen und aufkochen lassen. Die vier Käsesorten hineingeben und unter ständigem Rühren in etwa 3 Minuten schmelzen lassen. Die Sauce abschmecken, zur Pasta geben und untermischen.

Die Mischung in eine gefettete flache Auflaufform (2 l Inhalt) füllen, mit der Bröselmischung bestreuen, mit der restlichen Butter in Flöckchen belegen und im heißen Ofen etwa 25 Minuten backen, bis die Oberfläche goldbraun und knusprig ist.

Lauwarmer Nudel-Garnelen-Salat mit Pesto

Für 4 Personen

Pesto
2 große Handvoll Basilikumblätter
2 Knoblauchzehen, zerdrückt
1 TL Salz
40 g Pinienkerne, geröstet
50 g Parmesan, gerieben
3 EL Olivenöl

Nudel-Garnelen-Salat
500 g Hörnchennudeln
5 EL Olivenöl
150 g Kapern in Lake, abgetropft
2 Knoblauchzehen, fein gewürfelt
2 Tomaten, von den Samen befreit, gewürfelt
150 g dünne grüne Spargelstangen, halbiert, blanchiert
2 EL Balsamico-Essig
150 g Rucola
20 gegarte Garnelen, geschält, Schwanzflossen belassen
Parmesanspäne zum Servieren

Für das Pesto das Basilikum mit Knoblauch, Salz, Pinienkernen und Parmesan in der Küchenmaschine glatt mixen. Bei laufendem Motor das Öl in dünnem Strahl dazugießen.

Die Pasta in reichlich kochendem Salzwasser nach Packungsangabe bissfest garen. In ein Sieb schütten und abtropfen lassen. Nudeln in eine große Schüssel geben und das Pesto untermischen.

In einer Pfanne 3 EL Olivenöl erhitzen. Die Kapern darin unter gelegentlichem Rühren 4–5 Minuten braten, bis sie knusprig sind. Auf Küchenpapier abtropfen lassen.

Das restliche Olivenöl in einer Pfanne mit hohem Rand bei mittlerer Hitze heiß werden lassen. Knoblauch, Tomaten und Spargel darin unter ständigem Rühren und Wenden 1–2 Minuten erwärmen. Den Balsamico untermischen.

Tomatenmischung, Rucola und Garnelen zur abgekühlten Pasta geben und unterheben. Den Salat abschmecken, mit Kapern und Parmesanspänen bestreuen und sofort servieren.

Nudelauflauf mit Schinken und Käse

Für 4 Personen

- 1 1/2 EL Olivenöl, mehr für die Form
- 300 g gekochter Schinken, in dünnen Scheiben
- 1 Zwiebel, fein gewürfelt
- 600 g Sahne
- 300 g Erbsen
- 400 g kleine Muschelnudeln
- 3 EL gehacktes Basilikum
- 250 g geriebener Käse

Den Backofen auf 200 °C vorheizen. Eine Auflaufform (2,5 l Inhalt) dünn fetten. Die Schinkenscheiben in 5 cm lange Streifen schneiden. In einer Pfanne 1 EL Öl erhitzen und die Zwiebelwürfel darin unter häufigem Rühren in etwa 5 Minuten glasig werden lassen. Erst das restliche Öl, dann den Schinken hinzufügen und 1 Minute anbraten. Die Sahne in die Pfanne gießen. Aufkochen, dann bei schwacher Hitze 6 Minuten köcheln lassen. Die Erbsen dazugeben und die Sauce noch 3–4 Minuten köcheln lassen. Die Sauce abschmecken.

Die Pasta in reichlich kochendem Salzwasser nach Packungsangabe bissfest garen. In ein Sieb schütten und abtropfen lassen, dann zurück in den Topf geben.

Die Sauce unter die Pasta heben. Basilikum und drei Viertel des Käses unterrühren und die Nudelmischung abschmecken. In die Form füllen, mit dem restlichen Käse bestreuen und im heißen Ofen etwa 20 Minuten backen, bis die Oberfläche goldbraun ist.

Gefüllt

Ravioli & Co.

Muschelnudeln mit Kürbis-Ricotta-Füllung

Für 6 Personen

1 kg Butternusskürbis, in breite Spalten geschnitten
Olivenöl zum Beträufeln
10 Knoblauchzehen, ungeschält
500 g Ricotta
1 Handvoll Basilikum, in Streifen geschnitten
750 ml italienische Tomatensauce (Fertigprodukt)
125 ml Weißwein
60 kleine oder 30 große Muschelnudeln
100 g Parmesan, gerieben

Den Backofen auf 200 °C vorheizen. Die Kürbisspalten in eine ofenfeste Form legen, mit Öl beträufeln, salzen und pfeffern. Den Knoblauch dazugeben und alles im heißen Ofen etwa 15 Minuten rösten, bis das Kürbisfleisch weich ist. Etwas abkühlen lassen, dann die Kürbisspalten schälen und die Knoblauchzehen aus den Häuten drücken. Kürbis und Knoblauch zerdrücken, das Püree mit dem Ricotta und der Hälfte des Basilikums mischen.

Die Tomatensauce mit dem Wein in einem Topf aufkochen, dann bei schwacher Hitze 10 Minuten köcheln lassen, bis die Sauce etwas eingekocht ist.

Die Pasta in reichlich kochendem Salzwasser nach Packungsangabe bissfest garen. In ein Sieb schütten, abtropfen lassen und zum Trocknen auf ein Geschirrtuch legen. Anschließend mit der Kürbismischung füllen. Die restliche Füllung in einer großen Auflaufform verstreichen. Die gefüllten Muschelnudeln daraufsetzen, mit der Sauce begießen und mit dem Parmesan und dem restlichen Basilikum bestreuen. Kleine Muschelnudeln im heißen Ofen 15–20 Minuten, große Muschelnudeln 30 Minuten backen.

Tortellini in Brühe mit Zitronenduft

Für 4–6 Personen

1 unbehandelte Zitrone
125 ml Weißwein
500 ml Hühnerlbrühe
1 Bund Petersilie, gehackt
400 g frische Tortellini mit Hühner- oder Kalbfleischfüllung

Von der Zitrone mit einem Sparschäler breite Schalenstreifen abziehen. Die weiße Haut unter der Schale mit einem kleinen scharfen Messer entfernen und drei Schalenstreifen in ganz dünne Streifen schneiden; für die Garnitur beiseitelegen.

Wein, Brühe und 750 ml Wasser mit den breiten Schalenstreifen in einen großen Topf geben. Bei schwacher Hitze 10 Minuten köcheln lassen. Die Streifen herausnehmen und die Flüssigkeit aufkochen lassen.

Die Hälfte der Petersilie, die Tortellini und etwas schwarzen Pfeffer in die Brühe geben. Die Brühe 6–7 Minuten kochen lassen, bis die Tortellini gar sind. Die Suppe zum Servieren mit der restlichen Petersilie und den dünnen Zitronenschalenstreifen bestreuen.

Ravioli mit Spinat-Ricotta-Füllung

Für 4 Personen

1 EL Olivenöl
1 rote Zwiebel, fein gewürfelt
1 Knoblauchzehe, zerdrückt
200 g junger Blattspinat, grob gehackt
2 Eigelb, verquirlt
2 EL geriebener Parmesan
geriebene Muskatnuss
(nach Geschmack)
250 g Ricotta
48 Wan-Tan-Blätter
2 EL Butter
2 EL Salbeiblätter

Das Öl in einer Pfanne erhitzen. Die Zwiebelwürfel mit dem Knoblauch darin in einigen Minuten glasig dünsten. Den Spinat dazugeben und unter Rühren zusammenfallen lassen.

Die Spinatmischung mit Eigelben, Parmesan, Muskat, Salz und Pfeffer unter den Ricotta rühren.

Die Ränder eines Wan-Tan-Blattes mit Wasser bestreichen und etwa 1 TL Füllung in die Mitte geben. Das Blatt halbmondförmig zusammenklappen und die Kanten aufeinanderdrücken. Das gefüllte Teigblattt auf ein Geschirrtuch legen; mit den restlichen Blättern und der restlichen Füllung ebenso verfahren.

Die Ravioli in reichlich kochendem Salzwasser garen, bis sie an die Oberfläche steigen. Mit einem Schaumlöffel herausheben und in einem Sieb abtropfen lassen.

Die Butter in einem kleinen Topf zerlassen und den Salbei hineingeben. Sobald die Butter bräunt, die Ravioli auf Schalen oder tiefe Teller verteilen und die Salbeibutter darüberträufeln.

Agnolotti mit Lachs, Kapern und brauner Butter

Für 4 Personen

125 ml Olivenöl
100 g Kapern in Lake, abgetropft
500 g Lachsfilet, gehäutet
700 g frische Agnolotti mit Ricottafüllung
150 g Butter
1 ½ EL abgeriebene unbehandelte Zitronenschale
2 EL Zitronensaft
3 EL gehackte Petersilie

Die Hälfte des Öls in einer kleinen Pfanne erhitzen. Die Kapern darin in 3–4 Minuten knusprig braten; auf Küchenpapier abtropfen lassen.

Die Lachsfilets auf beiden Seiten salzen und pfeffern. Das restliche Öl in einer beschichteten Pfanne erhitzen. Die Fischfilets darin auf jeder Seite 2–3 Minuten braten, bis sie gar, innen aber noch rosa sind. Aus der Pfanne nehmen und etwas abkühlen lassen, dann mit den Fingern zerpflücken.

Die Pasta in reichlich kochendem Salzwasser nach Packungsangabe bissfest garen. In ein Sieb schütten und abtropfen lassen, dann zurück in den Topf geben.

Die Butter in einer Pfanne bei schwacher Hitze zerlassen und 5 Minuten köcheln lassen, bis sie bräunt. Zitronenschale, Zitronensaft und Petersilie unterrühren. Die Agnolotti auf tiefe Teller verteilen. Zuerst den zerpflückten Lachs, dann die braune Butter auf die Pasta geben. Alles mit den Kapern bestreuen und sofort servieren.

Tortellini alla boscaiola

Für 4–6 Personen

30 g Butter
4 Scheiben durchwachsener Speck, gewürfelt
2 Knoblauchzehen, zerdrückt
1 kleine Stange Lauch, in dünne Scheiben geschnitten
300 g kleine braune oder weiße Champignons, in Scheiben geschnitten
3 EL Weißwein
400 g Sahne
1 TL gehackter Thymian
100 g frische Tortellini mit Kalbfleischfüllung
50 g Parmesan, gerieben
1 EL gehackte Petersilie

Die Butter bei mittlerer Hitze in einer Pfanne zerlassen. Den Speck darin etwa 5 Minuten braten, bis er knusprig ist. Knoblauch und Lauch hinzufügen und 2 Minuten mitbraten; die Pilze dazugeben und mitgaren, bis sie weich sind. Den Wein und die Sahne mit dem Thymian in die Pfanne geben. Aufkochen, anschließend bei schwacher Hitze 10 Minuten köcheln lassen, bis die Sauce eingedickt ist.

Inzwischen die Tortellini in reichlich sprudelnd kochendem Salzwasser bissfest garen. In einem Sieb abtropfen lassen und in eine Schüssel füllen. Den Parmesan unter Rühren in der Sauce schmelzen lassen. Die Sauce abschmecken und mit der Petersilie unter die Tortellini mischen.

Agnolotti mit Sauce Alfredo

Für 4–6 Personen

700 g frische Agnolotti mit Kalbfleischfüllung
100 g Butter
300 g Sahne
150 g Parmesan, gerieben
2 EL gehackter Majoran

Die Agnolotti in reichlich kochendem Salzwasser nach Packungsangabe bissfest garen. In ein Sieb schütten und abtropfen lassen; wieder in den Topf geben.

Kurz bevor die Pasta gar ist, die Butter bei schwacher Hitze in einem Topf zerlassen. Die Sahne mit dem Parmesan darin unter ständigem Rühren 2 Minuten köcheln lassen, bis die Sauce etwas eingedickt ist. Die Sauce mit Majoran, Salz und Pfeffer würzen und unter die Pasta heben. Das Gericht sofort servieren.

Tipp: Anstelle von Majoran andere frische Kräuter verwenden, z. B. Petersilie, Thymian, Kerbel oder Dill.

Ravioli mit Kräutern

Für 4–6 Personen

2 EL Olivenöl
1 Knoblauchzehe, halbiert
800 g frische Ravioli
50 g kalte Butter in Stückchen
2 EL gehackte Petersilie
1 große Handvoll Basilikum, gehackt
2 EL Schnittlauchröllchen

Das Öl mit dem Knoblauch in eine kleine Schüssel geben.

Die Pasta in reichlich kochendem Salzwasser nach Packungsangabe garen. In ein Sieb schütten und abtropfen lassen, dann zurück in den Topf geben.

Das Knoblauchöl durch ein Sieb zu den Ravioli gießen; den Knoblauch wegwerfen. Butter und Kräuter zu den Ravioli geben und alles sorgfältig mischen.

Variante: Ersetzen Sie doch einmal die Petersilie durch Koriandergrün.

Kalbfleisch-Tortellini mit Pilz-Sahnesauce

Für 4 Personen

500 g frische Tortellini mit Kalbfleischfüllung
3 EL Olivenöl
600 g braune Champignons (Egerlinge), in dünne Scheiben geschnitten
2 Knoblauchzehen, zerdrückt
125 ml Weißwein
300 g Sahne
1 Prise geriebene Muskatnuss
3 EL fein gehackte Petersilie
30 g Parmesan, gerieben

Die Pasta in reichlich kochendem Salzwasser nach Packungsangabe garen. In einem Sieb abtropfen lassen und zurück in den Topf geben.

Das Öl in einer Pfanne erhitzen. Die Pilze darin unter gelegentlichem Rühren etwa 5 Minuten weich dünsten. Den Knoblauch hinzufügen und 1 Minute mitdünsten, dann den Wein dazugießen und in etwa 5 Minuten auf die Hälfte einkochen lassen.

Die Sahne mit Muskat und Petersilie verrühren. In die Pfanne geben und die Sauce 3–5 Minuten etwas einkochen lassen; abschmecken. Die Tortellini auf Schalen oder tiefe Teller verteilen und die Sauce darüberschöpfen. Das Gericht mit Parmesan bestreuen und servieren.

Cannelloni mit Gemüsefüllung

Für 4 Personen

50 g Butter, mehr für die Form
1 große Stange Lauch, in 1 cm dicke Scheiben geschnitten
200 g gegrillte Auberginen in Öl, in 1 cm große Stücke geschnitten
200 g gegrillte Süßkartoffeln in Öl, in 1 cm große Stücke geschnitten
125 g junger Gouda, geraspelt
50 g Mehl
1 l Milch
12 Lasagneblätter, vorgegart

Ein Drittel der Butter in einem Topf bei mittlerer Hitze zerlassen. Den Lauch darin unter Rühren in etwa 8 Minuten weich dünsten. Die Auberginen, Süßkartoffeln und ein Drittel des Käses unter den Lauch mischen.

Die restliche Butter in einem Topf bei mittlerer Hitze zerlassen. Das Mehl darin anschwitzen. Vom Herd nehmen und nach und nach die Milch einrühren. Wieder auf den Herd stellen und die Sauce unter Rühren kochen lassen, bis sie andickt. Bei schwacher Hitze 2 Minuten köcheln lassen; abschmecken. Etwa 400 ml Sauce unter die Gemüsemischung heben.

Den Backofen auf 200 °C vorheizen. Eine Lasagneform dünn fetten. Die Lasagneblätter ausbreiten und die Gemüsemischung jeweils mittig als Streifen auf die Blätter verteilen; die Blätter aufrollen.

Die Rollen mit den Nähten nach unten in die Form legen. Die restliche helle Sauce darauf verteilen und mit dem übrigen Käse bestreuen. Im heißen Ofen etwa 20 Minuten backen, bis der Käse goldbraun ist.

Ravioli mit Paprikasauce

Für 4 Personen

6 rote Paprikaschoten, in große Stücke geschnitten
600 g frische Ravioli
2 EL Olivenöl
3 Knoblauchzehen, zerdrückt
2 Stangen Lauch, in dünne Scheiben geschnitten
1 EL gehackter Oregano
2 TL Zucker
250 ml heiße Gemüse- oder Hühnerbrühe

Die Paprikastücke mit den Hautseiten noch oben auf ein Backblech legen. Unter den heißen Backofengrill schieben und grillen, bis die Haut angekohlt und blasig ist. Schoten in einem Gefrierbeutel abkühlen lassen; häuten.

Die Pasta in reichlich kochendem Salzwasser nach Packungsangabe bissfest garen. In ein Sieb schütten und abtropfen lassen, dann zurück in den Topf geben.

Inzwischen das Öl in einer Pfanne erhitzen. Knoblauch und Lauch darin in 3–4 Minuten weich dünsten. Oregano und Zucker hinzufügen und 1 Minute unterrühren.

Die Lauchmischung mit Paprikastücken, Salz und Pfeffer in die Küchenmaschine geben und mixen. Die Brühe dazugießen und alles pürieren.

Die Sauce bei schwacher Hitze unter die Ravioli heben. Das Gericht auf Schalen oder tiefe Teller verteilen und sofort servieren.

Tortellini mit geröstetem Kürbis und Basilikumbutter

Für 4 Personen

1 kg Hokkaidokürbis, in 2 cm große Würfel geschnitten
600 g frische Tortellini mit beliebiger Füllung
100 g Butter
80 g Pinienkerne
3 Knoblauchzehen, zerdrückt
1 Handvoll Basilikum, in Streifen geschnitten
200 g Schafskäse, zerbröckelt

Den Backofen auf 220 °C vorheizen. Ein Backblech mit Backpapier belegen. Die Kürbisstücke darauflegen; salzen und pfeffern. Im heißen Ofen in etwa 30 Minuten weich rösten.

Inzwischen die Tortellini in reichlich kochendem Salzwasser nach Packungsangabe bissfest garen. In ein Sieb schütten und abtropfen lassen, dann zurück in den Topf geben.

Die Butter in einer kleinen Pfanne bei mittlerer Hitze aufschäumen lassen. Die Pinienkerne darin mit dem Knoblauch in 3–5 Minuten goldbraun rösten. Vom Herd nehmen und das Basilikum unterrühren. Basilikumbutter, Kürbisstücke und Schafskäse zu den Tortellini geben und unterheben.

Ravioli mit Kräuterfüllung

Für 4 Personen

Pastateig
300 g Mehl, mehr zum Arbeiten
4 Eier
3 EL Olivenöl

Füllung
250 g Ricotta
2 EL geriebener Parmesan
2 TL Schnittlauchröllchen
1 EL gehackte Petersilie
2 TL gehacktes Basilikum
1 TL gehackter Zitronenthymian oder Thymian

Das Mehl in eine Schüssel sieben; in die Mitte eine Mulde drücken. Nach und nach drei Eier und das Olivenöl untermischen. Den Teig auf einer dünn bemehlten Arbeitsfläche etwa 6 Minuten kneten, bis er elastisch ist, dann in Frischhaltefolie wickeln und 30 Minuten ruhen lassen.

Für die Füllung den Ricotta mit Parmesan und den Kräutern mischen. Die Masse herzhaft abschmecken.

Den Teig in vier Portionen teilen. Diese in möglichst dünne Platten ausrollen, wobei zwei etwas größer als die anderen beiden sein sollten.

Eine kleinere Platte auf der Arbeitsfläche ausbreiten. Mit 5 cm Abstand zueinander die Hälfte der Füllung teelöffelweise daraufsetzen. Das vierte Ei verquirlen; die Hälfte davon zwischen den Portionen entlang den Schnittlinien auf den Teig pinseln. Die Füllungen mit einer größeren Teigplatte bedecken und entlang der Linien andrücken.

Die Ravioli mit einem Teigrädchen oder Messer auseinanderschneiden und auf ein bemehltes Backblech legen. Aus den restlichen Teigblättern ebenfalls Ravioli herstellen. Die Ravioli in reichlich kochendem Salzwasser 5–8 Minuten garen. Mit Sauce nach Wahl servieren.

Cannelloni mit Ratatouille-Füllung

Für 6–8 Personen

1 Aubergine
2 Zucchini
1 große rote Paprikaschote
1 große grüne Paprikaschote
3–4 große Eiertomaten
12 Knoblauchzehen, ungeschält
3 EL Olivenöl
300 ml italienische Tomatensauce (Fertigprodukt)
12–16 Cannelloninudeln
300 g Ricotta
3 EL in Streifen geschnittenes Basilikum
100 g Schafskäse
1 Ei, verquirlt
50 g Pecorino, gerieben

Den Backofen auf 200 °C vorheizen. Für die Ratatouille Auberginen, Zucchini, Paprikaschoten und Tomaten in 2 cm große Stücke schneiden. Das Gemüse mit dem Knoblauch in eine ofenfeste Form geben, mit dem Öl mischen und im heißen Ofen etwa 1½ Stunden rösten, bis es weich ist. Die Knoblauchzehen aus den Häuten drücken und etwas zerdrücken.

Die Tomatensauce auf dem Boden einer Lasagneform verteilen. Die Cannelloni mit der Ratatouille füllen und in die Form legen.

Den Ricotta mit Basilikum, Schafskäse und Ei verrühren. Die Mischung kräftig würzen, dann auf den Cannelloni verteilen. Alles mit Pecorino bestreuen und im heißen Ofen etwa 30 Minuten backen, bis die Cannelloni weich sind.

Tortellini mit Nuss-Kräuter-Sauce

Für 4–6 Personen

500 g frische Tortellini mit Schinken-Käse-Füllung
50 g Butter
125 g Walnusskerne, gehackt
100 g Pinienkerne
2 EL gehackte Petersilie
2 TL gehackter Thymian
3 EL Ricotta
3 EL Sahne

Die Tortellini in reichlich kochendem Salzwasser nach Packungsangabe bissfest garen. In ein Sieb schütten und abtropfen lassen; wieder in den Topf geben.

Inzwischen die Butter in einer Pfanne aufschäumen lassen. Walnuss- und Pinienkerne darin unter Rühren in etwa 5 Minuten goldbraun braten. Petersilie und Thymian sowie Salz und Pfeffer (nach Geschmack) unterrühren.

Ricotta mit der Sahne cremig rühren, dann die Nussmischung unterrühren. Die Sauce unter die Tortellini heben. Sofort servieren.

Muschelnudeln mit Lachs-Ricotta-Füllung

Für 4 Personen

200 g kleine Muschelnudeln
250 g gegartes Lachsfilet
500 g Ricotta
1 EL gehackte Petersilie
3 EL Schnittlauchröllchen
1 ½ Selleriestangen, fein gehackt
100 g milder Schnittkäse, gerieben
200 g Sahne
3 EL geriebener Parmesan

Den Backofen auf 180 °C vorheizen. Die Pasta in reichlich kochendem Salzwasser nach Packungsangabe bissfest garen. In ein Sieb schütten und abtropfen lassen, dann zurück in den Topf geben.

Den Lachs zerpflücken. In einer großen Schüssel mit Ricotta, Petersilie, Schnittlauch, Sellerie und Käse gut mischen. Die Lachs-Ricotta-Masse salzen und pfeffern. In jede Muschelnudel 2 TL Füllung geben. Die gefüllten Muscheln in eine flache ofenfeste Form setzen.

Die gefüllten Nudeln mit der Sahne begießen und mit dem Parmesan bestreuen. Mit Alufolie bedecken und im heißen Ofen 20 Minuten backen. Die Folie entfernen und die Muschelnudeln weitere 15 Minuten backen, bis sie goldbraun sind. Zum Servieren die Sahnesauce über die Nudeln löffeln.

Rote-Bete-Ravioli mit Salbeibutter

Für 6 Personen

400 g gegarte Rote Bete (vakuumverpackt oder selbst gegart)
50 g Parmesan, gerieben
250 g Ricotta
Zitronensaft (nach Geschmack)
500 g Lasagneblätter, vorgegart
feiner Maisgrieß (Polenta) für das Blech
200 g kalte Butter in Stückchen
1 sehr kleine Handvoll Salbeiblätter, in Stücke gezupft
2 Knoblauchzehen, zerdrückt
Parmesanspäne zum Bestreuen

Die Rote Bete in eine Schüssel raspeln. Parmesan und Ricotta hinzufügen; alles gut mischen. Mit Zitronensaft, Salz und Pfeffer abschmecken. Die Hälfte der Lasagneblätter auf die Arbeitsfläche legen. Drei Häufchen von der Füllung (je 1 TL) in regelmäßigen Abständen auf jedes Blatt geben. Die Häufchen etwas flach drücken. Die Zwischenräume und die Kanten der Teigblätter mit Wasser bepinseln.

Die restlichen Lasagneblätter auf die gefüllten legen und entlang der Wasserlinien festdrücken. Mit einem Teigrädchen oder einem Messer die Ravioli voneinander trennen. Die Ravioli auf ein mit Maisgrieß bestreutes Backblech legen; prüfen, ob die Ränder fest verschlossen sind.

Die Ravioli in reichlich kochendem Wasser bissfest garen. Abgießen, auf Teller verteilen und warm halten. Die Butter in einem Topf in 3–4 Minuten braun werden lassen. Vom Herd nehmen, den Salbei unterrühren und die Salbeibutter auf die Ravioli geben. Das Gericht zum Servieren mit Salz, Pfeffer und Parmesan bestreuen.

Tortellini mit Speck, grünem Spargel und Tomaten

Für 4–6 Personen

200 g Schinkenspeck, grob zerkleinert
4 Tomaten
300 g grüner Spargel, in 3 cm lange Stücke geschnitten
500 g frische Tortellini mit Käsefüllung
1 EL Olivenöl
1 rote Zwiebel, in dünne Ringe geschnitten
1 EL Tomatenmark
125 ml Hühnerbrühe
2 TL Thymianblättchen

Den Speck im Blitzhacker oder in der Küchenmaschine in Intervallen zerkleinern.

Die Tomaten unten kreuzförmig einritzen. Für 30 Sekunden in kochendes Wasser geben, dann in kaltem Wasser abschrecken. Die Tomaten häuten und grob hacken.

Den Spargel in reichlich kochendem Salzwasser in etwa 2 Minuten bissfest garen. Mit einem Schaumlöffel herausheben und in kaltem Wasser abschrecken; abtropfen lassen. Die Tortellini im kochenden Spargelwasser nach Packungsangabe garen. In ein Sieb schütten und abtropfen lassen, dann zurück in den Topf geben.

Inzwischen das Öl in einer Pfanne mit hohem Rand erhitzen. Speck und Zwiebel darin unter Rühren 2–3 Minuten dünsten, bis die Zwiebelringe glasig sind. Tomaten, Tomatenmark, Brühe und Thymian sowie Salz und Pfeffer (nach Geschmack) hinzufügen und alles unter Rühren 5 Minuten köcheln lassen.

Tortellini und Spargel in die Tomatensauce geben und bei schwacher Hitze unter Rühren darin heiß werden lassen.

Hähnchenfleisch-Ravioli mit Tomatensauce

Für 4 Personen

Tomatensauce
1 EL Olivenöl
1 große Zwiebel, gewürfelt
2 Knoblauchzehen, zerdrückt
100 g Tomatenmark
3 EL Rotwein
200 ml Hühnerbrühe
2 Tomaten, gewürfelt
1 EL gehacktes Basilikum

Ravioli
200 g Hähnchenbrustfilet, sehr fein gehackt
1 EL gehacktes Basilikum
3 EL geriebener Parmesan
3 Frühlingszwiebeln, fein gehackt
50 g Ricotta
48 runde Wan-Tan- oder Gyoza-Blätter

Für die Tomatensauce das Öl in einem Topf erhitzen. Zwiebel und Knoblauch darin 2–3 Minuten dünsten, dann Tomatenmark, Wein, Brühe und Tomaten unterrühren und alles 20 Minuten köcheln lassen. Das Basilikum untermischen.

Für die Ravioli das Fleisch mit Basilikum, Parmesan, Frühlingszwiebeln, Ricotta, Salz und Pfeffer mischen. 24 Teigblätter auf die Arbeitsfläche legen und mit etwas Wasser bestreichen. Je 1 leicht gehäuften EL Füllung mittig daraufgeben. Je ein zweites Blatt darauflegen und die Ränder zusammendrücken.

In einem großen Topf reichlich Salzwasser aufkochen und weiter sprudelnd kochen lassen. Die Ravioli darin portionsweise in je 2–3 Minuten bissfest garen. Abgießen, gut abtropfen lassen und mit der Tomatensauce servieren.

Agnolotti mit Tomaten-Sahne-Sauce und Speck

Für 4 Personen

4 Scheiben Frühstücksspeck
600 g Agnolotti mit Kalb- oder Hähnchenfleischfüllung
1 EL Olivenöl
2 Knoblauchzehen, fein gewürfelt
100 g sonnengetrocknete Tomaten, in dünne Scheiben geschnitten
1 EL gehackter Thymian
400 g Sahne
1 TL abgeriebene unbehandelte Zitronenschale
40 g Parmesan, gerieben

Den Speck in einer beschichteten Pfanne ohne Fett knusprig braten und auf Küchenpapier abtropfen lassen; in Stücke brechen.

Die Agnolotti in reichlich kochendem Salzwasser nach Packungsangabe bissfest garen. In ein Sieb schütten und abtropfen lassen, dann zurück in den Topf geben.

Das Öl in einer Pfanne bei mittlerer Hitze heiß werden lassen. Den Knoblauch darin etwa 1 Minute braten, bis er goldgelb ist. Tomaten und Thymian hinzufügen und 1 Minute mitbraten.

Die Sahne dazugießen. Die Sauce aufkochen und bei schwacher Hitze in 6–8 Minuten um etwa ein Drittel einkochen lassen. Die Zitronenschale und zwei Drittel des Parmesans untermischen und die Sauce abschmecken. Die Sauce unter die mischen. Das Gericht auf Schalen oder tiefe Teller verteilen, mit dem restlichen Parmesan und den Speckstücken bestreuen; sofort servieren.

Schnelle Pilz-Ricotta-Cannelloni

Für 4 Personen

500 g kleine Champignons
2 EL Olivenöl, mehr für die Form
3 Knoblauchzehen, zerdrückt
2 EL Zitronensaft
400 g Ricotta
3 EL gehacktes Basilikum
12 Lasagneblätter, vorgegart
400 ml italienische Tomatensauce (Fertigprodukt)
150 g Mozzarella, geraspelt

Den Backofen auf 180 °C vorheizen. Die Pilze in der Küchenmaschine fein zerkleinern. Das Öl in einer großen Pfanne bei mittlerer Hitze heiß werden lassen. Knoblauch und Pilze darin unter Rühren 3 Minuten braten. Den Zitronensaft hinzufügen und alles weitere 2 Minuten garen, bis die Pilze weich sind. Ein Sieb auf eine Schüssel setzen. Die Pilzmischung hineingeben und mit einem Löffel gut ausdrücken.

Die Pilzmasse aus dem Sieb in eine Schüssel geben und mit Ricotta und Basilikum mischen; kräftig salzen und pfeffern. Die Mischung auf die Lasagneblätter verteilen, dabei jeweils einen Streifen auf eine Längsseite geben. Die Blätter aufrollen und nebeneinander in eine gefettete Lasagneform legen, mit der ausgedrückten Pilzflüssigkeit beträufeln und mit der Tomatensauce begießen. Die Cannelloni mit Mozzarella bestreuen und im Ofen in etwa 25 Minuten goldbraun backen.

Überbackene Muschelnudeln mit Ricotta-Schinken-Füllung

Für 4–6 Personen

24 große Muschelnudeln
200 g luftgetrockneter Schinken, grob gehackt
2 EL Schnittlauchröllchen
2 sehr große Handvoll Basilikum, gehackt
100 g Butter
500 g Ricotta
150 g sonnengetrocknete Paprikaschoten, gehackt
100 g Parmesan, gerieben
750 ml italienische Tomatensauce (Fertigprodukt)

Den Backofen auf 180 °C vorheizen. Die Pasta in reichlich kochendem Salzwasser nach Packungsangabe bissfest garen. In ein Sieb schütten, mit kaltem Wasser abschrecken und abtropfen lassen. Den Schinken mit Schnittlauch und Basilikum in der Küchenmaschine grob zerkleinern.

Die Butter in einer Pfanne bei mittlerer Hitze heiß werden lassen. Die Schinkenmischung darin etwa 5 Minuten braten, bis der Schinken knusprig ist. Die Mischung in einer Schüssel mit Ricotta, Paprika und einem Viertel des Parmesans vermengen; abschmecken.

Die Pastasauce in eine Gratinform gießen. Die Muschelnudeln mit der Ricottamischung füllen und in die Form setzen. Mit dem restlichen Parmesan bestreuen und im heißen Ofen 25–30 Minuten backen, bis sie goldbraun sind. Die gefüllten Nudeln auf Teller setzen und mit der Sauce beschöpfen.

Ravioli mit Süßkartoffelfüllung

Für 4 Personen

500 g orangefleischige Süßkartoffeln, geschält und in Stücke geschnitten
2 TL Zitronensaft
200 g Butter
50 g Parmesan, gerieben
1 EL Schnittlauchröllchen
1 Ei, verquirlt
250 g Wan-Tan-Blätter
2 EL in Stücke gezupfte Salbeiblätter
2 EL gehackte Walnusskerne

Die Süßkartoffelstücke mit dem Zitronensaft in kochendes Wasser geben und in etwa 15 Minuten weich garen. Abgießen, abtropfen lassen und mit Küchenpapier trocken tupfen; 5 Minuten abkühlen lassen.

Die Süßkartoffeln mit 30 g Butter in der Küchenmaschine pürieren. Parmesan, Schnittlauch und die Hälfte des Eies untermixen. Die Mischung abschmecken und auskühlen lassen.

Auf die Hälfte der Teigblätter mittig je 2 TL Füllung geben und die Ränder mit dem restlichen Ei bepinseln. Die übrigen Teigblätter auf die belegten geben und die Ränder fest zusammendrücken. Mit einem Förmchen (7 cm ∅) die Ravioli ausstechen.

Die restliche Butter in einem kleinen Topf goldbraun werden lassen; vom Herd nehmen.

Die Ravioli portionsweise in reichlich kochendem Salzwasser je 4 Minuten garen. Herausheben, abtropfen lassen und auf vorgewärmte Teller verteilen. Mit der Butter beträufeln, mit Salbei und Nüssen bestreuen; servieren.

Tortellini mit Auberginensauce

Für 4 Personen

500 g frische Tortellini
3 EL Olivenöl
2 Knoblauchzehen, zerdrückt
1 rote Paprikaschote, in mundgerechte Stücke geschnitten
500 g Auberginen, in kleine Würfel geschnitten
1 Dose gehackte Tomaten (400 g)
250 ml Gemüsebrühe
2 kleine Handvoll Basilikum, gehackt

Die Tortellini in reichlich kochendem Salzwasser nach Packungsangabe bissfest garen. In ein Sieb schütten und abtropfen lassen, dann zurück in den Topf geben.

Inzwischen das Öl in einem großen Topf bei mittlerer Hitze heiß werden lassen. Knoblauch und Paprika darin 1 Minute dünsten. Die Auberginenwürfel hinzufügen und in etwa 5 Minuten hell anbraten. Tomaten und Brühe untermischen. Alles aufkochen und zugedeckt 10 Minuten köcheln lassen, bis das Gemüse weich ist. Basilikum und Tortellini unter die Auberginensauce mischen.

Hinweis: Die Auberginen erst unmittelbar vor dem Zubereiten würfeln, damit das Fruchtfleisch nicht braun wird.

Lang

Spaghetti & Co.

Pasta mit Gorgonzolasauce

Für 4–6 Personen

500 g Spaghetti oder Bucatini
200 g Gorgonzola oder ein anderer kräftiger Blauschimmelkäse
250 g Ricotta
1 EL Butter
1 Selleriestange, fein gehackt
300 g Sahne

Die Pasta in reichlich kochendem Salzwasser nach Packungsangabe bissfest garen. In ein Sieb schütten, abtropfen lassen, dann zurück in den Topf geben. In der Zwischenzeit den Gorgonzola klein würfeln und den Ricotta cremig rühren.

Die Butter in einer Pfanne zerlassen und den Sellerie darin 2 Minuten dünsten, dann Sahne, Ricotta und Gorgonzola untermischen. Die Sauce mit Pfeffer und eventuell etwas Salz abschmecken.

Die Sauce unter Rühren bei mittlerer Hitze aufkochen und 1 Minute kochen lassen, dann unter die gekochte Pasta heben und das Gericht sofort servieren.

Pasta mit Pesto

Für 4–6 Personen

500 g Pasta (siehe Hinweise)
3 EL Pinienkerne
2 sehr große Handvoll Basilikumblätter
2 Knoblauchzehen, grob zerkleinert
½ TL Salz
3 EL geriebener Parmesan
2 EL geriebener Pecorino (nach Belieben)
125 ml Olivenöl

Die Pasta in reichlich kochendem Salzwasser nach Packungsangabe bissfest garen. In einem Sieb gut abtropfen lassen und zurück in den Topf geben.

Inzwischen die Pinienkerne in einer Pfanne bei schwacher Hitze 2–3 Minuten goldbraun rösten; herausnehmen und zum Abkühlen auf einen Teller geben. Die Pinienkerne mit Basilikum, Knoblauch, Salz, Parmesan und (nach Belieben) Pecorino in der Küchenmaschine in etwa 20 Sekunden fein zerkleinern.

Bei laufendem Motor nach und nach das Öl in dünnem Strahl dazugießen, bis eine Paste entstanden ist. Das Pesto mit frisch gemahlenem schwarzem Pfeffer abschmecken. Zur Pasta geben und sorgfältig unterheben.

Hinweise: Traditionell wird Pesto zu Linguine serviert; es kann aber auch jede andere Pastasorte verwendet werden.
Das Pesto hält sich in einem fest verschlossenem Gefäß im Kühlschrank bis zu 1 Woche. Dabei darauf achten, dass keine Luftblasen eingeschlossen sind und dass die Oberfläche immer mit Öl bedeckt ist. Nach der Entnahme von etwas Pesto die Oberfläche wieder mit Öl bedecken.

Mediterrane Pasta

Für 4 Personen

5 Knoblauchzehen
125 ml Olivenöl
1 EL getrockneter Oregano
1 TL Salz
6 Eiertomaten, halbiert
500 g Spaghetti
4 Scheiben luftgetrockneter Schinken
16 Kalamata-Oliven
200 g Schafskäse, in mundgerechte Würfel geschnitten
1 EL Balsamico-Essig
50 g Rucola

Den Backofen auf 150 °C vorheizen. 2 Knoblauchzehen schälen, fein hacken und in eine Schüssel geben. Mit 2 EL Olivenöl, dem Oregano und dem Salz verrühren. Die Tomaten hinzufügen und die Schnittflächen mit der Ölmischung einreiben. Die Tomaten mit den Schnittflächen nach oben auf ein mit Backpapier belegtes Backblech legen und im heißen Ofen 1 Stunde rösten.

Die Pasta in reichlich kochendem Salzwasser nach Packungsangabe bissfest garen. In einem Sieb abtropfen lassen und zurück in den Topf geben. Den Schinken auf ein Backblech legen und unter dem heißen Backofengrill in 3–4 Minuten knusprig rösten; in Stücke brechen.

Die Tomaten in einer Schüssel mit Oliven, Schafskäse, Spaghetti und Balsamico mischen; warm halten. Die 3 restlichen Knoblauchzehen schälen und in dünne Scheiben schneiden. Das restliche Öl bei schwacher Hitze erwärmen und den Knoblauch darin 1–2 Minuten braten, bis er sein Aroma an das Öl abgegeben hat.

Knoblauchöl zur Spaghettimischung gießen und den Rucola behutsam untermischen. Mit den Schinkenstücken bestreuen, salzen und pfeffern.

Bucatini mit Bratwurst und Fenchelsamen

Für 4 Personen

500 g italienische Bratwurst
2 EL Olivenöl
3 Knoblauchzehen, fein gewürfelt
1 TL Fenchelsamen
½ TL Chiliflocken
2 Dosen gehackte Tomaten (je 400 g)
500 g Bucatini
1 TL Balsamico-Essig
1 kleine Handvoll Basilikum, gehackt

Die Bratwürste in einer großen Pfanne mit hohem Rand in 1 EL Öl unter regelmäßigem Wenden 8–10 Minuten braten. Herausnehmen und etwas abkühlen lassen, dann schräg in Scheiben schneiden.

Das restliche Olivenöl in die Pfanne geben und erhitzen. Den Knoblauch darin kurz dünsten. Fenchelsamen und Chiliflocken kurz mitdünsten und die Tomaten untermischen. Die Sauce aufkochen, dann bei schwacher Hitze zugedeckt 20 Minuten köcheln lassen.

Die Pasta in reichlich kochendem Salzwasser nach Packungsangabe bissfest garen. In ein Sieb schütten und abtropfen lassen, dann zurück in den Topf geben.

Die Wurstscheiben in die Sauce geben und darin etwa 5 Minuten erhitzen. Balsamico und Basilikum unterrühren. Die Sauce unter die Pasta heben. Das Gericht auf tiefe Teller verteilen und sofort servieren.

Chili-Linguine mit würzigem Hähnchenfleisch

Für 4 Personen

600 g Hähnchenbrustfilet
2 EL Olivenöl
500 g Chili-Linguine

Chermoula
2 große Handvoll Koriandergrün, gehackt
2 große Handvoll große Petersilienblätter, gehackt
4 Knoblauchzehen, zerdrückt
2 TL gemahlener Kreuzkümmel
2 TL Paprikapulver
125 ml Zitronensaft
2 TL abgeriebene unbehandelte Zitronenschale
100 ml Olivenöl

Die Hähnchenbrustfilets in 2 EL Olivenöl braten, bis sie gar sind. Herausnehmen, 5 Minuten abkühlen lassen, dann in dünne Scheiben schneiden.

Die Zutaten für die Chermoula (eine marokkanische Würzpaste) in einer Schüssel mischen. Die Hähnchenbrustscheiben hineingeben und durchziehen lassen, bis die Pasta gegart ist.

Die Pasta in reichlich kochendem Salzwasser nach Packungsangabe bissfest garen. In einem Sieb abtropfen lassen, auf Teller verteilen und das Fleisch mit der Chermoula darauf anrichten.

Pastitsio

Für 6–8 Personen

2 EL Öl
4 Knoblauchzehen, zerdrückt
2 Zwiebeln, gewürfelt
1 kg Rinderhackfleisch
1 kg gehackte Tomaten (Dose)
250 ml Rotwein
250 ml Rinderbrühe
1 Lorbeerblatt
1 TL getrocknete griechische Kräutermischung
350 g Ziti (große Röhrennudeln; ersatzweise Fettuccine oder Spaghetti)
4 Eier
500 g griechischer Sahnejoghurt
200 g Kefalotiri (griechischer Hartkäse aus Schafsmilch), gerieben
½ TL geriebene Muskatnuss
50 g Bergkäse, gerieben
Salatblätter zum Anrichten

Das Öl in einem großen Topf erhitzen. Knoblauch und Zwiebelwürfel darin etwa 5 Minuten dünsten. Das Hackfleisch hinzufügen und krümelig braten; überschüssiges Fett abgießen. Tomaten, Wein, Brühe, Lorbeerblatt und Kräutermischung dazugeben. Alles aufkochen, dann bei schwacher Hitze 40 Minuten köcheln lassen. Die Sauce herzhaft abschmecken.

Den Backofen auf 180 °C vorheizen. Die Pasta in reichlich kochendem Salzwasser nach Packungsangabe bissfest garen. In einem Sieb abtropfen lassen und in einer großen Auflaufform verteilen. 2 Eier verquirlen und über die Pasta gießen, die Hackfleischsauce darauf verstreichen. Den Joghurt mit den restlichen Eiern, dem Kefalotiri und der Muskatnuss verrühren. Den Eierguss auf den Auflauf gießen und mit dem Bergkäse bestreuen. Den Auflauf im heißen Ofen etwa 40 Minuten backen, bis er oben goldbraun ist. Herausnehmen, 10 Minuten ruhen lassen und mit ein paar Salatblättern auf Tellern anrichten.

Tagliatelle mit Lachs und Dill-Senf-Sauce

Für 4 Personen

400 g Tagliatelle
3 EL Olivenöl
400 g Lachsfilet in Stücken, gehäutet und entgrätet
3 Knoblauchzehen, zerdrückt
400 g Sahne
1 ½ EL gehackter Dill
2 TL Senf
1 EL Zitronensaft

Die Pasta in reichlich kochendem Salzwasser nach Packungsangabe bissfest garen. In ein Sieb schütten und abtropfen lassen, wieder in den Topf geben und mit 1 EL Öl vermischen.

Inzwischen das Öl in einer großen Pfanne mit hohem Rand erhitzen. Die Lachsfilets darin auf jeder Seite etwa 2 Minuten braten, bis sie außen knusprig, innen aber noch roh sind. Herausnehmen, in Würfel schneiden und warm halten.

Den Knoblauch in der Pfanne etwa 30 Sekunden braten, bis er duftet. Die Sahne mit Dill und Senf hinzufügen. Aufkochen, dann bei schwacher Hitze unter Rühren 4–5 Minuten köcheln lassen, bis die Sauce eingedickt ist. Abschmecken.

Die Lachswürfel mit der ausgetretenen Flüssigkeit und dem Zitronensaft unter die Sauce mischen und heiß werden lassen. Die Sauce unter die Pasta heben. Das Gericht auf tiefe Teller verteilen und sofort servieren.

Spaghetti auf Nizza-Art

Für 4–6 Personen

500 g Spaghetti
4 Eier
2 Dosen Thunfisch in Öl (Abtropfgewicht insgesamt etwa 400 g)
50 g entsteinte Kalamata-Oliven, halbiert
100 g sonnengetrocknete Tomaten, längs halbiert
4 Sardellenfilets, fein gehackt
1 TL abgeriebene unbehandelte Zitronenschale
2 EL Zitronensaft
3 EL sehr kleine Kapern (Nonpareilles) in Lake, abgetropft
3 EL gehackte Petersilie

Die Pasta in reichlich kochendem Salzwasser nach Packungsangabe bissfest garen. In einem Sieb abtropfen lassen und wieder in den Topf geben.

Inzwischen die Eier in 8–9 Minuten hart kochen. Anschließend schälen und halbieren.

Den Thunfisch mitsamt dem Öl in einer großen Schüssel mit Oliven, Tomaten, Sardellen, Zitronenschale, Zitronensaft, Kapern und 2 EL gehackter Petersilie mischen. Die Pasta hinzufügen und behutsam unterheben. Das Gericht mit den hart gekochten Eiern und der restlichen Petersilie garnieren; sofort servieren.

Spaghetti alle vongole

Für 4 Personen

1 kg Venusmuscheln (Vongole)
500 g Spaghetti
125 ml Olivenöl
50 g Butter
1 kleine Zwiebel, sehr fein gewürfelt
6 große Knoblauchzehen, fein gewürfelt
125 ml Weißwein
1 kleine rote Chilischote, von den Samen befreit, fein gehackt
1 kleines Bund Petersilie, gehackt

Die Muscheln in einer großen Schüssel mit kaltem Wasser etwa 30 Minuten wässern. Die Pasta in reichlich kochendem Salzwasser nach Packungsangabe bissfest garen. In einem Sieb abtropfen lassen und zurück in den Topf geben.

Das Öl mit 1 EL Butter in einem großen Topf erhitzen. Die Zwiebelwürfel darin mit der Hälfte des Knoblauchs 10 Minuten braten, bis sie goldgelb sind – der Knoblauch darf dabei nicht verbrennen. Den Wein dazugießen und 2 Minuten kochen lassen.

Die Muscheln gut abtropfen lassen und mit Chili, restlicher Butter und übrigem Knoblauch in den Topf geben. Alles zugedeckt 8 Minuten köcheln lassen, bis sich die Muscheln geöffnet haben, den Topf dabei regelmäßig schwenken. Muscheln, die sich nicht geöffnet haben, wegwerfen.

Petersilie sowie Salz und Pfeffer (nach Geschmack) unterrühren. Muscheln mit Garsud unter die Spaghetti heben. Sofort servieren.

Pasta mit Tomatensauce und Auberginen

Für 4–6 Personen

175 ml Olivenöl, mehr zum Beträufeln
1 Zwiebel, fein gewürfelt
2 Knoblauchzehen, fein gewürfelt
2 Dosen gehackte Tomaten (je 400 g)
500 g Bucatini oder Spaghetti
500 g Auberginen
1 Handvoll Basilikum, in Stücke gezupft, mehr zum Garnieren
50 g Ricotta salata (siehe Hinweis), zerbröckelt
50 g geriebener Pecorino oder Parmesan

In einer Pfanne 2 EL Öl erhitzen. Die Zwiebelwürfel darin in etwa 5 Minuten glasig dünsten. Den Knoblauch unterrühren und 30 Sekunden mitdünsten. Tomaten, Salz und Pfeffer hinzufügen. Die Sauce 20–25 Minuten köcheln lassen, bis sie etwas eingekocht ist.

Die Pasta in reichlich kochendem Salzwasser nach Packungsangabe bissfest garen. In einem Sieb abtropfen lassen und wieder in den Topf geben.

Auberginen längs in 5 mm dicke Scheiben schneiden. Das restliche Öl in einer großen Pfanne erhitzen. Die Auberginenscheiben darin portionsweise je 3–5 Minuten braten, bis sie leicht gebräunt sind, dann mit dem Basilikum unter die Sauce mischen.

Die heiße Pasta mit jeweils der Hälfte von Ricotta und Pecorino bzw. Parmesan unter die Sauce mischen. Das Gericht mit dem restlichen Käse und etwas Basilikum bestreuen, mit etwas Olivenöl beträufeln und sofort servieren.

Hinweis: Ricotta salata ist leicht gesalzener, gepresster Ricotta. Falls Sie keinen bekommen, können Sie stattdessen Schafskäse verwenden.

Buchweizen-Pasta mit Wirsing, Kartoffeln und Käse

Für 6 Personen

350 g Wirsing, grob zerkleinert
200 g Kartoffeln, geschält,
in 2 cm große Würfel geschnitten
500 g Buchweizen-Pasta
75 ml Olivenöl
1 kleines Bund Salbei, fein gehackt
2 Knoblauchzehen, fein gewürfelt
350 g gemischter Käse
(z. B. Mascarpone, Fontina, Taleggio und Gorgonzola)
geriebener Parmesan zum Bestreuen

In einem großen Topf reichlich Salzwasser aufkochen lassen. Wirsing, Kartoffeln und Pasta darin 3–5 Minuten garen, bis alles weich ist. In ein großes Sieb schütten und abtropfen lassen, dabei 250 ml Kochwasser auffangen.

Den Topf auswischen. Das Öl hineingeben und Salbei und Knoblauch darin bei schwacher Hitze 1 Minute anbraten. Den Käse hinzufügen und kurz unterrühren, dann Pasta, Wirsing und Kartoffeln sowie Salz und Pfeffer (nach Geschmack) hinzufügen. Alles behutsam mischen; falls nötig, die Sauce mit etwas Nudelwasser verdünnen. Das Gericht mit Parmesan bestreuen und servieren.

Hinweis: Buchweizen-Pasta heißt in Italien Pizzoccheri. Diese Sorte ist im Veltlin (Valtellina), einer Region nahe der Schweizer Grenze, besonders beliebt und wird üblicherweise mit Kartoffeln, Kohl und Käse serviert.

Pasta mit Tomaten-Speck-Sauce

Für 4 Personen

500 g Bucatini
1 EL Olivenöl
200 g durchwachsener Speck, in dünne Scheiben geschnitten
500 g Eiertomaten, grob zerkleinert
125 g Sahne
2 EL Tomatenpesto
2 EL gehackte Petersilie
50 g Parmesan, gerieben

Die Pasta in reichlich kochendem Salzwasser nach Packungsangabe bissfest garen. In ein Sieb schütten und abtropfen lassen, dann zurück in den Topf geben.

Inzwischen das Öl in einer Pfanne erhitzen und den Speck darin etwa 2 Minuten braten. Die Tomaten hinzufügen und alles bei mittlerer Hitze unter häufigem Rühren 2 Minuten köcheln lassen, bis die Tomatenstücke weich, aber noch nicht zusammengefallen sind.

Sahne und Pesto untermischen und die Sauce heiß werden lassen. Vom Herd nehmen und die Petersilie unterrühren. Die Sauce mit dem Parmesan zur Pasta geben und unterheben.

Ziti mit Bratwurst

Für 4 Personen

1 rote Paprikaschote, in große Stücke geschnitten
1 grüne Paprikaschote, in große Stücke geschnitten
1 kleine Aubergine, in Scheiben geschnitten
3 EL Olivenöl
1 Zwiebel, in Ringe geschnitten
1 Knoblauchzehe, gehackt
250 g kleine Schweinsbratwürste, in Scheiben geschnitten
1 Dose gehackte Tomaten (400 g)
125 ml Rotwein
3 EL entsteinte schwarze Oliven, halbiert
1 EL gehacktes Basilikum
1 EL gehackte Petersilie
500 g Ziti (große Röhrennudeln), ersatzweise Fettuccine oder Spaghetti

Die Paprikastücke mit den Hautseiten nach oben auf ein Backblech legen. Unter dem heißen Backofengrill rösten, bis die Haut verkohlt und blasig ist. In einem Gefrierbeutel abkühlen lassen, dann häuten und hacken.

Die Auberginenscheiben mit etwas Öl bestreichen. Grillen, bis beide Seiten gebräunt sind; falls nötig, mit mehr Öl bestreichen.

Das restliche Öl in einer Pfanne erhitzen. Die Zwiebelringe darin mit dem Knoblauch glasig dünsten. Die Wurstscheiben hinzufügen und anbraten.

Tomaten, Wein, Oliven, Basilikum, Salz und Pfeffer unterrühren. Aufkochen, dann bei schwacher Hitze 15 Minuten köcheln lassen. Das Gemüse untermischen und in der Sauce erwärmen.

Die Pasta in reichlich kochendem Salzwasser nach Packungsangabe bissfest garen. In einem Sieb abtropfen lassen, dann zurück in den Topf geben. Die Sauce hinzufügen und unterheben.

Tagliatelle mit Hähnchenlebern und Sahne

Für 4–6 Personen

2 EL Olivenöl
1 Zwiebel, fein gewürfelt
1 Knoblauchzehe, zerdrückt
300 g Hähnchenlebern, in kleine Stücke geschnitten
250 g Sahne
1 EL Schnittlauchröllchen
1 TL körniger Senf
2 Eier, verquirlt
500 g Tagliatelle

Das Öl in einer großen Pfanne erhitzen. Die Zwiebelwürfel darin mit dem Knoblauch glasig dünsten. Die Hähnchenlebern hinzufügen und 2–3 Minuten mitbraten.

Sahne, Schnittlauch und Senf unterrühren. Die Sauce aufkochen lassen, dann die Eier untermischen und die Sauce mit Salz und Pfeffer abschmecken. Die Pfanne vom Herd nehmen.

Inzwischen die Pasta in reichlich kochendem Salzwasser nach Packungsangabe bissfest garen. In ein Sieb schütten und abtropfen lassen, dann zurück in den Topf geben. Die Sauce hinzufügen und unterheben. Das Gericht auf vorgewärmte tiefe Teller verteilen und sofort servieren.

Spaghetti mit Sardellen, Kapern und Kräutern

Für 4 Personen

500 g Spaghettini (sehr dünne Spaghetti)
125 ml Olivenöl, mehr zum Beträufeln
4 Knoblauchzehen, fein gewürfelt
10 Sardellenfilets, gehackt
1 EL sehr kleine Kapern
1 TL Chiliflocken
2 EL Zitronensaft
2 TL abgeriebene unbehandelte Zitronenschale
3 EL gehackte Petersilie
3 EL gehacktes Basilikum
3 EL gehackte Minze
50 g Parmesan, geraspelt, mehr zum Bestreuen

Die Pasta in reichlich kochendem Salzwasser nach Packungsangabe bissfest garen.

Das Öl in einer Pfanne bei mittlerer Hitze heiß werden lassen. Den Knoblauch darin 2–3 Minuten braten, bis er Farbe annimmt. Sardellen, Kapern und Chiliflocken hinzufügen und 1 Minute mitbraten.

Die heiße Pasta mit Zitronensaft und -schale, Petersilie, Basilikum, Minze und Parmesan in die Pfanne geben und alles mischen. Das Gericht mit Salz und Pfeffer abschmecken, mit Olivenöl beträufeln und mit Parmesan bestreut servieren.

Tagliatelle mit Garnelen-Tomaten-Sauce

Für 4 Personen

500 g Tagliatelle
1 EL Olivenöl
3 Knoblauchzehen, fein gewürfelt
150 g geschälte Garnelen (Kühlregal)
500 g Eiertomaten, gewürfelt
2 EL in dünne Streifen geschnittenes Basilikum
125 ml Weißwein
100 g Sahne
Basilikumblätter zum Garnieren

Die Tagliatelle in reichlich kochendem Salzwasser nach Packungsangabe bissfest garen. In ein Sieb schütten und abtropfen lassen (dabei 2 EL Kochwasser auffangen), dann zurück in den Topf geben.

Das Öl mit dem Knoblauch in einer großen Pfanne bei schwacher Hitze heiß werden lassen. Die Garnelen dazugeben und 2 Minuten unter gelegentlichem Wenden braten. Herausnehmen, beiseitestellen.

Die Tomatenstücke mit den Basilikumstreifen in die Pfanne geben und weich dünsten. Wein und Sahne dazugießen; aufkochen und 2 Minuten köcheln lassen.

Die Sauce im Mixer oder in der Küchenmaschine pürieren. Wieder in den Topf geben, das aufgefangene Nudelwasser unterrühren und die Sauce köcheln lassen. Die Garnelen untermischen und in der Sauce heiß werden lassen. Garnelen-Tomaten-Sauce unter die Pasta heben. Das Gericht mit Basilikum garnieren und sofort servieren.

Pasta mit Zitronen-Knoblauch-Huhn und Pinienkernen

Für 6 Personen

1 küchenfertiges Hähnchen (etwa 1,3 kg)
Zehen von 1 Knoblauchknolle
3 EL Olivenöl
30 g weiche Butter
1 EL fein gehackter Thymian
125 ml Zitronensaft
500 g Bavette oder Spaghetti
2 EL Korinthen
1 TL abgeriebene unbehandelte Zitronenschale
50 g Pinienkerne, geröstet
1 kleines Bund Petersilie, fein gehackt

Backofen auf 200 °C vorheizen. Das Hähnchen innen trocken tupfen, die ungeschälten Knoblauchzehen hineinfüllen und das Hähnchen in einen kleinen Bräter legen.

Öl mit Butter, Thymian, Zitronensaft sowie Salz und Pfeffer (nach Geschmack) mischen; das Hähnchen damit einreiben. Im heißen Ofen 1 Stunde braten, bis es goldbraun und gar ist. Das Hähnchen in eine Schüssel geben, den heraustretenden Fleischsaft auffangen. Die Knoblauchzehen aus dem Hähnchen nehmen und abkühlen lassen. Anschließend aus den Häuten drücken und hacken.

Die Pasta in reichlich kochendem Salzwasser nach Packungsangabe bissfest garen. In einem Sieb abtropfen lassen und zurück in den Topf geben.

Inzwischen den Bratensatz im Bräter loskochen, falls nötig etwas Wasser dazugeben. Korinthen, Zitronenschale und gehackten Knoblauch in die Flüssigkeit geben und alles bei schwacher Hitze köcheln lassen.

Hähnchen häuten, das Fleisch von den Knochen lösen und in Streifen schneiden. Ausgetretenen Fleischsaft in den Bräter geben. Fleisch, Pinienkerne, Petersilie und die Sauce unter die Pasta heben. Sofort servieren.

Spaghetti mit Muscheln und Weißweinsauce

Für 4 Personen

500 g Miesmuscheln
1 kg Venusmuscheln (Vongole)
500 g Spaghetti
2 EL Olivenöl
4 Schalotten, fein gewürfelt
2 Knoblauchzehen, zerdrückt
250 ml Weißwein
3 EL gehackte Petersilie

Die Muscheln unter fließendem Wasser abbürsten und entbarten; zerbrochene Muscheln und geöffnete, die sich beim Daraufklopfen nicht schließen, wegwerfen. Die restlichen Muscheln kalt abspülen.

Die Pasta in reichlich kochendem Salzwasser nach Packungsangabe bissfest garen. In einem Sieb abtropfen lassen und zurück in den Topf geben.

Inzwischen das Öl in einem großen Topf erhitzen. Die Schalottenwürfel darin in etwa 4 Minuten glasig dünsten. Den Knoblauch hinzufügen und 1 Minute mitdünsten. Den Wein dazugießen; aufkochen und in 2 Minuten etwas einkochen lassen. Die Muscheln in den Topf füllen und zugedeckt etwa 3 Minuten dämpfen, bis sich die Schalen geöffnet haben, dabei den Topf regelmäßig schwenken. Muscheln, die geschlossen bleiben, wegwerfen. Geöffnete Muscheln unter die Pasta heben. Das Gericht salzen und pfeffern, mit Petersilie bestreuen und sofort servieren.

Linguine mit Speck, Pilzen und Erbsen

Für 4 Personen

3 Scheiben Frühstücksspeck
2 TL Olivenöl
2–3 Knoblauchzehen, zerdrückt
1 rote Zwiebel, gewürfelt
200 g Champignons, in Scheiben geschnitten
1 Bund Petersilie, gehackt
150 g Erbsen
250 g Sahne
2 TL Speisestärke
500 g Linguine
geriebener Parmesan zum Bestreuen (nach Belieben)

Den Speck in Streifen schneiden. Das Öl in einer großen Pfanne erhitzen. Knoblauch, Zwiebel und Speck darin unter Rühren braten, bis Speck und Zwiebel glasig sind. Die Pilze hinzufügen und 5 Minuten unter Rühren mitdünsten, bis sie weich sind.

Petersilie, Erbsen und Sahne in den Topf geben. Die Speisestärke mit 1 EL Wasser glatt rühren. Zur Sauce geben und diese unter Rühren kochen lassen, bis sie andickt.

Die Pasta in reichlich kochendem Salzwasser nach Packungsangabe bissfest garen. In ein Sieb schütten und abtropfen lassen, dann zur Sauce geben und alles gut mischen. Das Gericht sofort servieren. Parmesan zum Bestreuen dazu reichen.

Pasta mit Hackfleischsauce

Für 4 Personen

100 g Pancetta oder anderer durchwachsener Speck, fein gewürfelt
1 Zwiebel, fein gewürfelt
3 Knoblauchzehen, zerdrückt
1 Lorbeerblatt
800 g Rinderhackfleisch
500 ml Rotwein
100 g Tomatenmark
250 ml Brühe (z. B. Gemüsebrühe)
500 g Tagliatelle
geriebener Parmesan zum Bestreuen

Eine (möglichst unbeschichtete) große Pfanne mit hohem Rand bei mittlerer bis starker Hitze heiß werden lassen. Den Speck darin 2 Minuten anbraten. Zwiebel, Knoblauch und Lorbeerblatt hinzufügen und 2 Minuten mitbraten, bis die Zwiebelwürfel leicht geröstet sind.

Das Hackfleisch dazugeben und unter Rühren in etwa 4 Minuten krümelig braten; eventuelle Klümpchen mit dem Kochlöffelrücken zerdrücken. Wein, Tomatenmark und die Brühe untermischen. Das Ganze aufkochen, dann bei schwacher Hitze zugedeckt 40 Minuten köcheln lassen. Den Deckel abnehmen und die Sauce weitere 40 Minuten köcheln lassen, bis sie dick eingekocht ist und glänzt.

Etwa 20 Minuten bevor die Sauce fertig ist, die Pasta in reichlich kochendem Salzwasser nach Packungsangabe bissfest garen. In einem Sieb abtropfen lassen, in Schalen oder tiefen Tellern anrichten, mit Parmesan bestreuen und servieren.

Spaghettini mit Kalmaren in schwarzer Tinte

Für 4–6 Personen

600 g küchenfertige Kalmare
2 EL Olivenöl
1 Zwiebel, fein gewürfelt
6 Knoblauchzehen, fein gewürfelt
1 Lorbeerblatt
1 kleine rote Chilischote, von den Samen befreit, in Streifen geschnitten
75 ml Weißwein
75 ml trockener Wermut
250 ml Fischfond
3 EL Tomatenmark
500 ml italienische Tomatensauce (Fertigprodukt)
15 g Tintenfischtinte
500 g Spaghettini (sehr dünne Spaghetti)
½ TL Pernod (nach Belieben)
1 kleines Bund Petersilie, gehackt
1 Knoblauchzehe, zerdrückt

Die Tintenfischkörper in Ringe, die Fangarme in Stücke schneiden. Das Öl in einem Topf bei mittlerer Hitze heiß werden lassen. Die Zwiebelwürfel darin goldgelb braten. Knoblauch, Lorbeerblatt und Chili hinzufügen und 2 Minuten mitbraten. Wein, Wermut, Fond, Tomatenmark, Tomatensauce und 250 ml Wasser in den Topf geben. Aufkochen, dann bei schwacher Hitze 45 Minuten köcheln lassen, bis die Flüssigkeit auf die Hälfte eingekocht ist. Die Tinte untermischen und die Sauce noch 2 Minuten köcheln lassen, bis sie gleichmäßig schwarz ist und glänzt.

Die Pasta in reichlich kochendem Salzwasser nach Packungsangabe bissfest garen. In ein Sieb schütten und abtropfen lassen, dann zurück in den Topf geben.

Kalmarstücke und (nach Belieben) Pernod unter die Sauce rühren. Die Sauce etwa 5 Minuten köcheln lassen, bis die Kalmarstücke nicht mehr glasig sind. Petersilie und zerdrückten Knoblauch untermischen und die Sauce mit Salz und Pfeffer abschmecken. Unter die Pasta heben und das Gericht sofort servieren.

Spaghetti mit Hackfleischbällchen in Tomatensauce

Für 4 Personen

Hackbällchen
500 g Rinderhackfleisch
50 g frische Brotkrumen
1 Zwiebel, fein gewürfelt
2 Knoblauchzehen, zerdrückt
2 TL Worcestersauce
1 TL getrockneter Oregano
3 EL Mehl
2 EL Olivenöl

Sauce
1 EL Olivenöl
1 Zwiebel, fein gewürfelt
2 Knoblauchzehen, zerdrückt
2 Dosen gehackte Tomaten (je 400 g)
2 EL Tomatenmark
200 ml Rinderbrühe
1 TL Zucker

500 g Spaghetti

Für die Hackbällchen das Hackfleisch in einer Schüssel mit Brotkrumen, Zwiebel, Knoblauch, Worcestersauce, Oregano, Salz und Pfeffer verkneten. Aus dem Teig walnussgroße Bällchen formen und diese im Mehl wenden; überschüssiges Mehl abschütteln. Das Öl in einer großen Pfanne mit hohem Rand erhitzen. Die Hackbällchen darin portionsweise unter häufigem Wenden braten, dann herausnehmen und auf Küchenpapier abtropfen lassen.

Für die Sauce das Öl in einem Topf bei mittlerer Hitze heiß werden lassen. Die Zwiebelringe darin einige Minuten braten, bis sie weich und goldgelb sind. Gehackte Tomaten, Tomatenmark, Brühe und Zucker hinzufügen und alles aufkochen lassen. Die Hackbällchen in die Sauce geben und bei schwacher Hitze darin etwa 15 Minuten gar ziehen lassen; die Bällchen dabei einmal wenden. Tomatensauce mit Salz und Pfeffer abschmecken.

Während die Hackbällchen garen, die Pasta in reichlich kochendem Salzwasser nach Packungsangabe bissfest garen. In einem Sieb abtropfen lassen, mit den Hackbällchen und der Sauce servieren.

Fettuccine mit gerösteten Tomaten und Spinatsauce

Für 4–6 Personen

Tomaten
Olivenöl für das Backblech
6 Eiertomaten

Spinatsauce
40 g Butter
1 Zwiebel, gewürfelt
2 Knoblauchzehen, zerdrückt
500 g junger Blattspinat
150 ml Gemüsebrühe
200 g Sahne

500 g Spinat-Fettuccine
50 g Parmesan, gehobelt

Den Backofen auf 220 °C vorheizen. Ein Backblech mit Öl fetten. Die Tomaten längs halbieren, die Hälften jeweils längs in drei Spalten schneiden. Die Spalten auf das Blech legen und im Ofen 30–35 Minuten rösten.

Für die Spinatsauce die Butter in einer großen Pfanne erhitzen. Zwiebelwürfel und Knoblauch darin etwa 5 Minuten dünsten. Spinat, Brühe und Sahne dazugeben. Das Ganze bei starker Hitze aufkochen und gut 5 Minuten köcheln lassen, bis die Sauce leicht cremig ist.

Während die Spinatsauce kocht, die Pasta in reichlich kochendem Salzwasser nach Packungsangabe bissfest garen. In einem Sieb abtropfen lassen und zurück in den Topf geben.

Die Sauce abschmecken, etwas abkühlen lassen und anschließend pürieren. Unter die Pasta mischen. Das Gericht auf tiefe Teller verteilen, mit den gerösteten Tomaten garnieren, mit Parmesanspänen bestreuen und servieren.

Capelli d'angelo mit Meeresfrüchten

Für 4 Personen

300 g frische Capelli d'angelo (Engelshaarpasta) mit Safran
1 EL Olivenöl
30 g Butter
2 Knoblauchzehen, fein gewürfelt
1 große Zwiebel, fein gewürfelt
1 kleine rote Chilischote, von den Samen befreit, fein gehackt
2 Dosen gehackte Tomaten (je 400 g)
150 ml Weißwein
abgeriebene Schale von 1 unbehandelten Zitrone
½ TL Zucker
200 g ausgelöste Jakobsmuscheln ohne Rogen (Corail)
250 g geschälte gegarte Garnelen
300 g küchenfertige Venusmuscheln (Vongole)

Die Pasta in reichlich kochendem Salzwasser nach Packungsangabe bissfest garen. In ein Sieb schütten und abtropfen lassen, dann zurück in den Topf geben.

Öl und Butter in einer großen Pfanne erhitzen. Knoblauch, Zwiebel und Chili darin 5 Minuten dünsten, aber nicht anbraten. Tomaten und Wein hinzufügen. Aufkochen und 10 Minuten kochen lassen, bis die Sauce etwas eingedickt ist.

Zitronenschale, Zucker, Jakobsmuscheln, Garnelen und Venusmuscheln dazugeben und die Sauce zugedeckt etwa 5 Minuten köcheln lassen, bis die Meeresfrüchte gar sind. Venusmuscheln, die sich nicht geöffnet haben, wegwerfen. Die Sauce abschmecken und mit der Pasta in Schalen oder tiefen Tellern anrichten; sofort servieren.

Pasta mit Kartoffel und Brokkoli

Für 4 Personen

500 g Pasta (z.B. Bucatini, Fettuccine oder Spaghetti)
1 große Kartoffel (etwa 200 g), geschält, in kleine Würfel geschnitten
500 g Brokkoli
75 ml Olivenöl
3 Knoblauchzehen, zerdrückt
1 kleine rote Chilischote, von den Samen befreit, fein gehackt
2 Dosen gehackte Tomaten (je 400 g)
50 g Parmesan, geraspelt

In einem großen Topf reichlich Salzwasser aufkochen lassen. Pasta und Kartoffelwürfel hineingeben und 8–10 Minuten kochen, bis die Pasta bissfest ist und die Kartoffelwürfel weich sind. In ein Sieb schütten, abtropfen lassen und zurück in den Topf geben.

Inzwischen den Brokkoli in Röschen teilen; den Strunk wegwerfen. Die Röschen für 1–2 Minuten in kochendes Wasser geben, dann abgießen, abschrecken und abtropfen lassen. Brokkoliröschen zu Pasta und Kartoffelwürfeln geben.

Das Olivenöl in einem Topf erhitzen. Knoblauch und Chili darin 30 Sekunden braten. Tomaten dazugeben, alles etwa 5 Minuten köcheln lassen, bis die Flüssigkeit etwas eingekocht ist; abschmecken.

Die Tomatensauce unter Pasta, Kartoffel und Brokkoli heben. Das Gericht auf tiefe Teller verteilen, mit Parmesan bestreuen und servieren.

Fettuccine mit Rucola und Pilzen

Für 4 Personen

15 g getrocknete Steinpilze
500 g Fettuccine
20 g Butter
3 EL Olivenöl
2 Knoblauchzehen, zerdrückt
250 g kleine Champignons, in Scheiben geschnitten
3 EL Zitronensaft
30 g Parmesan, gerieben
100 g Rucola

Die Steinpilze 10 Minuten in 100 ml kochend heißem Wasser einweichen. Die Pasta in reichlich kochendem Salzwasser nach Packungsangabe bissfest garen. In einem Sieb abtropfen lassen; zurück in den Topf geben.

Inzwischen Butter und Öl in einer Pfanne erhitzen. Knoblauch und Champignons darin unter gelegentlichem Rühren 4 Minuten dünsten. Die Steinpilze in einem Sieb abtropfen lassen, die Flüssigkeit dabei auffangen. Alle Pilze hacken. Mit der Einweichflüssigkeit in die Pfanne geben und köcheln lassen.

Pilzmischung, Zitronensaft und Parmesan unter die Fettuccine mischen; das Gericht abschmecken. Kurz vor dem Servieren den Rucola unterheben.

Spaghetti mit Kräutern, Spinat und Knoblauchbröseln

Für 4 Personen

500 g Spaghetti
125 g Weißbrot vom Vortag, entrindet
100 ml Olivenöl, mehr zum Beträufeln
4 Knoblauchzehen, fein gewürfelt
400 g junger Blattspinat
1 Handvoll Basilikum, gehackt
1 Bund Petersilie, gehackt
1 EL Thymianblätter

Die Spaghetti in reichlich kochendem Salzwasser nach Packungsangabe bissfest garen. In einem Sieb abtropfen lassen (dabei 125 ml Kochwasser auffangen); zurück in den Topf geben.

Für die Knoblauchbrösel das Brot im Blitzhacker grob zerkleinern. In einem Topf 1 EL Öl erhitzen. Die Brotkrumen und die Hälfte des Knoblauchs darin unter Rühren in 2–3 Minuten goldbraun rösten. Herausnehmen; den Topf mit Küchenpapier auswischen.

2 EL Öl in den Topf geben und erhitzen. Den Spinat mit dem restlichen Knoblauch hinzufügen und in 1 Minute unter Rühren zusammenfallen lassen. Die Kräuter dazugeben und alles noch 1 Minute dünsten. Die Spinatmischung mit dem restlichen Öl und dem Nudelkochwasser zur Pasta geben und alles sorgfältig mischen. Das Gericht in tiefe Teller verteilen, mit den Knoblauchbröseln bestreuen und mit Olivenöl beträufeln; sofort servieren.

Kümmelnudeln mit Kalbsgulasch

Für 4 Personen

3 EL Olivenöl
750 g Kalbsschulter, in Würfel geschnitteln
1 große Zwiebel, in dünne Ringe geschnitten
3 Knoblauchzehen, fein gewürfelt
3 EL edelsüßes Paprikapulver
½ TL ganzer Kümmel
2 Dosen gehackte Tomaten (je 400 g)
500 g Fettuccine
40 g weiche Butter

Die Hälfte des Öls in einem großen Schmortopf erhiutzen. Das Fleisch darin portionsweise je 3 Minuten kräftig anbraten. Herausnehmen und mitsamt dem Bratsaft beiseitestellen.

Das restliche Öl in den Topf geben. Die Zwiebelwürfel darin mit dem Knoblauch bei mittlerer Hitze glasig braten. Das Paprikapulver und die Hälfte des Kümmels darüberstreuen und 30 Sekunden mitbraten.

Die Tomaten und das Fleisch mitsamt dem Bratsaft hinzufügen. Alles aufkochen, dann bei schwacher Hitze zugedeckt 1 Stunde 15 Minuten schmoren, bis das Fleisch weich und die Sauce eingedickt ist.

Etwa 15 Minuten bevor das Fleisch gar ist, die Pasta in reichlich kochendem Salzwasser nach Packungsangabe bissfest garen. In einem Sieb abtropfen lassen, zurück in den Topf geben und Butter und restlichen Kümmel untermischen. Sofort mit dem Kalbsgulasch servieren.

Spaghetti Bolognese

Für 4 Personen

50 g Butter
1 Zwiebel, fein gewürfelt
2 Knoblauchzehen, zerdrückt
1 Selleriestange, fein gehackt
1 Möhre, gewürfelt
500 g Rinderhackfleisch
50 g Pancetta oder anderer durchwachsener Speck, gewürfelt
1 EL gehackter Oregano
250 ml Rotwein
500 ml Rinderbrühe
2 EL Tomatenmark
2 Dosen gehackte Tomaten (je 400 g)
500 g Spaghetti
geriebener Parmesan zum Bestreuen

Die Butter in einem großen Topf zerlassen. Die Zwiebelwürfel darin 2–3 Minuten dünsten; dann Knoblauch, Sellerie und Möhre hinzufügen und alles unter Rühren bei schwacher Hitze 5 Minuten dünsten. Das Hackfleisch mit Speck und Oregano dazugeben und bei starker Hitze 4–5 Minuten braun und krümelig braten; Klümpchen dabei mit dem Kochlöffelrücken zerdrücken.

Den Wein dazugießen und bei schwacher Hitze 4–5 Minuten fast vollständig einkochen lassen, danach Brühe, Tomatenmark und Tomaten hinzufügen. Die Mischung salzen und pfeffern. Zugedeckt 1½ Stunden köcheln lassen, dabei ab und zu umrühren. Den Deckel abnehmen und das Ragout unter gelegentlichem Rühren 1 Stunde offen köcheln lassen.

Die Spaghetti in reichlich kochendem Salzwasser nach Packungsangabe bissfest garen. In ein Sieb schütten und abtropfen lassen, mit der Bolognese in tiefen Tellern anrichten und mit geriebenem Parmesan zum Bestreuen servieren.

Tagliatelle mit Tintenfisch

Für 4 Personen

500 g Tagliatelle
2 EL Olivenöl
1 Zwiebel, in Ringe geschnitten
1 Dose gehackte Tomaten (400 g)
125 ml Weißwein
1 EL Chilisauce
1 EL gehacktes Basilikum
600 g küchenfertiger Baby-Oktopus

Die Pasta in reichlich kochendem Salzwasser nach Packungsangabe bissfest garen. In ein Sieb schütten und abtropfen lassen, dann zurück in den Topf geben.

Inzwischen das Öl in einer großen Pfanne bei schwacher Hitze heiß werden lassen. Die Zwiebelringe darin unter Rühren glasig dünsten. Tomaten, Wein, Chilisauce, Basilikum, Salz und Pfeffer hinzufügen. Das Ganze aufkochen und bei schwacher Hitze 10 Minuten köcheln lassen.

Die Tintenfische jeweils in zwei oder drei Stücke schneiden; in die Sauce geben und in 5–10 Minuten darin gar ziehen lassen. Die Sauce mit der Pasta auf Tellern anrichten und das Gericht sofort servieren.

Kleine Nudelaufläufe mit Spinat

Für 6 Personen

30 g Butter, mehr für die Förmchen
1 EL Olivenöl
1 Zwiebel, gewürfelt
500 g junger Blattspinat, blanchiert, abgetropft
8 Eier, verquirlt
250 g Sahne
100 g Spaghetti, gekocht
50 g Emmentaler, geraspelt
50 g Parmesan, gerieben

Den Backofen auf 180 °C vorheizen. Sechs ofenfeste Förmchen (je 250 ml Inhalt) ausfetten und die Böden der Förmchen mit Backpapier belegen. Die Butter mit dem Öl in einer Pfanne erhitzen. Die Zwiebelwürfel darin unter Rühren glasig dünsten. Den Spinat hinzufügen und 1 Minute mitdünsten; vom Herd nehmen und abkühlen lassen. Eier und Sahne mit einem Schneebesen unterrühren, dann Spaghetti und Käse unterheben. Die Mischung mit Salz und Pfeffer abschmecken und auf die Förmchen verteilen.

Die Förmchen in eine Auflaufform stellen. So viel heißes Wasser in die Form gießen, dass die Förmchen halb hoch darin stehen. Die Aufläufe im heißen Ofen 30–35 Minuten garen, bis sie gestockt sind; falls nötig, nach der Hälfte der Garzeit mit Alufolie bedecken, damit sie nicht zu braun werden. Gegen Ende der Garzeit mit einem Messer in die Aufläufe stechen – nach dem Herausziehen darf keine Eimasse daran haften.

Die Aufläufe aus dem Ofen nehmen und 15 Minuten ruhen lassen. Zum Herauslösen mit einem Messer an den Rändern der Förmchen entlangfahren und die Aufläufe auf Teller stürzen. Als Vorspeise servieren.

Bucatini mit Auberginen und Pilzen

Für 4–6 Personen

2 EL Olivenöl
250 g Champignons, in Scheiben geschnitten
1 Aubergine, gewürfelt
2 Knoblauchzehen, zerdrückt
2 Dosen gehackte Tomaten (je 400 g)
500 g Bucatini oder Spaghetti
1 Bund Petersilie, gehackt (nach Belieben)

Das Öl in einer großen Pfanne erhitzen. Pilze, Auberginenwürfel und Knoblauch darin unter Rühren 4 Minuten dünsten. Die Tomaten hinzufügen und die Sauce 15 Minuten zugedeckt köcheln lassen.

Inzwischen die Pasta in reichlich kochendem Salzwasser nach Packungsangabe bissfest garen. In ein Sieb schütten und abtropfen lassen, dann zurück in den Topf geben.

Die Sauce abschmecken und nach Belieben Petersilie untermischen.
Die Sauce unter die Pasta heben und das Gericht sofort servieren.

Ziti alla carbonara

Für 4–6 Personen

500 g Ziti (große Röhrennudeln; ersatzweise Fettuccine oder Spaghetti)
1 EL Olivenöl
200 g Pancetta oder anderer durchwachsener Speck, in lange dünne Streifen geschnitten
4 Eigelb
300 g Sahne
50 g Parmesan, gerieben, mehr zum Bestreuen
2 EL fein gehackte Petersilie

Die Ziti in reichlich kochendem Salzwasser nach Packungsangabe bissfest garen. In einem Sieb abtropfen lassen; zurück in den Topf geben.

Inzwischen das Öl in einer Pfanne stark erhitzen. Die Speckstreifen darin in etwa 6 Minuten knusprig braten.

Die Eigelbe in einer Schüssel mit Sahne und Parmesan verquirlen, diese Mischung unter die heiße Pasta heben, dann Speck und Petersilie untermischen. Das Ganze bei sehr schwacher Hitze für 30–60 Sekunden auf den Herd stellen, bis die Sauce angedickt ist – nicht zu heiß werden lassen, sonst stocken die Eigelbe. Das Gericht abschmecken und mit geriebenem Parmesan zum Bestreuen servieren.

Nudelsalat mit Salami

Für 8 Personen

1 rote Paprikaschote, in Streifen geschnitten
1 grüne Paprikaschote, in Streifen geschnitten
4 Selleriestangen, in Scheiben geschnitten
1 Fenchelknolle, in Scheiben geschnitten
1 rote Zwiebel, in Ringe geschnitten
200 g Salami, in Streifen geschnitten
1 Bund Petersilie, gehackt
300 g Fettuccine

Dressing
125 ml Olivenöl
3 EL Zitronensaft
2½ EL Dijonsenf
1 TL Zucker
1 Knoblauchzehe, zerdrückt

Die Paprikastreifen in einer großen Schüssel mit Sellerie, Fenchel, Zwiebel, Salami und Petersilie mischen.

Die Pasta in reichlich kochendem Salzwasser nach Packungsangabe bissfest garen. In ein Sieb schütten, kalt abspülen und abtropfen lassen; unter die Paprikamischung heben.

Für das Dressing das Olivenöl mit Zitronensaft, Senf, Zucker und Knoblauch verrühren. Das Dressing mit Salz und Pfeffer abschmecken, zur Nudelmischung gießen und unterheben.

Fettuccine mit Tomaten, Avocado und Speck

Für 4 Personen

4 Knoblauchzehen, ungeschält
75 ml Olivenöl
250 g Cocktailtomaten
300 g durchwachsener Speck, in Scheiben geschnitten
400 g Fettuccine
1 EL Weißweinessig
2 EL gehacktes Basilikum
2 vollreife Avocados, gewürfelt
Basilikumblätter zum Garnieren

Den Backofen auf 200 °C vorheizen. Den Knoblauch an eine Seite in eine ofenfeste Form legen und mit 2 EL Olivenöl beträufeln. Die Tomaten auf die andere Seite in die Form setzen; salzen und pfeffern. Alles im heißen Ofen 10 Minuten rösten; den Knoblauch aus der Form nehmen und die Tomaten noch 5–10 Minuten rösten, bis sie weich sind.

Den Speck in einer Pfanne 4–5 Minuten knusprig braten; herausnehmen und grob zerkleinern.

Die Pasta in reichlich kochendem Salzwasser nach Packungsangabe bissfest garen. Gut abtropfen lassen und in einer großen Schüssel mit 1 EL Olivenöl mischen.

Die Knoblauchzehen aus den Häuten drücken. Mit Essig, Basilikum und dem restlichen Öl in ein Schraubdeckelglas geben. Das Glas verschließen und kräftig schütteln. Die Tomaten mitsamt dem Garsud, die Speckstücke, die Avocadowürfel und das Dressing zur Pasta geben; alles behutsam mischen. Das Gericht mit Basilikumblättern garnieren und servieren.

Capelli d’angelo mit Knoblauch, Jakobsmuscheln und Rucola

Für 4 Personen

20 ausgelöste Jakobsmuscheln mit Rogen (Corail)
250 g Capelli d’angelo (Engelshaarpasta)
150 ml Olivenöl
2 Knoblauchzehen, fein gewürfelt
3 EL Weißwein
1 EL Zitronensaft
100 g Rucola
1 kleine Handvoll Korianderblätter

Die Jakobsmuscheln mit Küchenpapier trocken tupfen; salzen und pfeffern. Die Pasta in reichlich kochendem Salzwasser nach Packungsangabe bissfest garen. In ein Sieb schütten und abtropfen lassen; in eine Schüssel geben und mit 1 EL Olivenöl mischen.

Inzwischen 1 EL Öl in einer Pfanne erhitzen. Den Knoblauch darin einige Sekunden braten, bis er duftet – dabei soll er nicht braun werden. Wein und Zitronensaft dazugeben und die Pfanne vom Herd nehmen.

In einer großen beschichteten Pfanne etwas Öl erhitzen und die Jakobsmuscheln darin (falls nötig, portionsweise), auf jeder Seite 1 Minute braten.

Die Knoblauchmischung wieder erhitzen. Den Rucola darin unter Rühren in 1–2 Minuten zusammenfallen lassen. Zur Pasta geben und unterheben. Das restliche Öl und die Hälfte des Korianders untermischen. Die Pasta mit den Jakobsmuscheln auf Schalen oder tiefe Teller verteilen, mit dem restlichen Koriandergrün garnieren und sofort servieren.

Variante: Wer gern scharf isst, der kann ½ TL Chiliflocken zum Knoblauch in die Pfanne geben und dann erst Wein und Zitronensaft hinzufügen.

Tagliatelle mit Lachs, Kapern und Rucola

Für 4 Personen

400 g Tagliatelle
400 g Lachsfilet, in 1,5 cm große Würfel geschnitten
3 Knoblauchzehen, zerdrückt
1 TL abgeriebene unbehandelte Zitronenschale
75 ml Olivenöl
200 g Rucola, grob gehackt
50 g sehr kleine Kapern
3 EL Zitronensaft
2 EL fein gehackte Petersilie

Die Pasta in reichlich kochendem Salzwasser nach Packungsangabe bissfest garen. In einem Sieb abtropfen lassen und zurück in den Topf geben.

Inzwischen die Fischwürfel mit Knoblauch, Zitronenschale und 1 EL Öl in eine Schüssel geben; alles mischen.

Eine Pfanne erhitzen. Die Fischwürfel darin rundherum kurz anbraten. Den Rucola mit den Kapern dazugeben und unter Rühren in 1 Minute zusammenfallen lassen. Den Zitronensaft untermischen und die Pfanne vom Herd nehmen.

Das restliche Olivenöl zur Pasta geben und untermischen. Fischmischung und Petersilie unterheben. Das Gericht abschmecken und sofort servieren.

Fettuccine mit Tomaten-Sahnesauce und Garnelen

Für 4 Personen

400 g Fettuccine
1 EL Olivenöl
1 Zwiebel, fein gewürfelt
3 Knoblauchzehen, zerdrückt
400 g Tomaten, von den Samen befreit, gehackt
3 EL Weißwein
300 g Sahne
400 g geschälte rohe Garnelen, mit Schwanzflossen
1 kleine Handvoll Basilikum, gehackt

Die Fettuccine in reichlich kochendem Salzwasser nach Packungsangabe bissfest garen. In einem Sieb abtropfen lassen; zurück in den Topf geben.

Das Öl in einer großen Pfanne erhitzen. Die Zwiebelwürfel darin mit dem Knoblauch unter Rühren in 4–5 Minuten glasig dünsten. Tomaten und Wein dazugeben und 3 Minuten kochen lassen, dann die Sahne unterrühren. Die Sauce aufkochen und etwa 5 Minuten köcheln lassen, bis sie etwas eingedickt ist.

Die Garnelen untermischen und in der köchelnden Sauce 3–4 Minuten gar ziehen lassen. Sauce und Garnelen unter die Pasta heben, das Basilikum untermischen und das Gericht abschmecken. Sofort servieren.

Spaghetti mit Fisch und Meeresfrüchten

Für 4 Personen

Tomatensauce
2 EL Olivenöl
1 Zwiebel, fein gewürfelt
1 Möhre, fein gewürfelt
2 Knoblauchzehen, zerdrückt
1 Dose gehackte Tomaten (400 g)
125 ml Weißwein
1 TL Zucker

Fisch und Meeresfrüchte
3 EL Weißwein
3 EL Fischfond
1 Knoblauchzehe, zerdrückt
12 Miesmuscheln, geputzt
30 g Butter
150 g Tintenfischringe
150 g festfleischiges Fischfilet ohne Haut, in mundgerechte Stücke geschnitten
150 g geschälte Garnelen
1 EL gehackte Petersilie
200 g ausgelöste Venusmuscheln (Glas), abgetropft

500 g Spaghetti

Für die Tomatensauce das Öl in einem Topf erhitzen. Zwiebel und Möhre darin 10 Minuten braten, bis sie etwas Farbe angenommen haben. Knoblauch, Tomaten, Wein und Zucker hinzufügen. Das Ganze aufkochen, dann bei schwacher Hitze 30 Minuten unter gelegentlichem Rühren köcheln lassen.

Wein, Fond und Knoblauch in einem großen Topf aufkochen lassen. Die Miesmuscheln hinzufügen und bei starker Hitze 5 Minuten garen, den Topf dabei rütteln. Ab der vierten Minute geöffnete Muscheln aus dem Topf nehmen und beiseitelegen. Muscheln, die sich nach 5 Minuten nicht geöffnet haben, wegwerfen; den Sud aufbewahren.

Inzwischen die Butter in einer Pfanne erhitzen. Tintenfisch, Fischstücke und Garnelen darin portionsweise je 2 Minuten pfannenrühren, bis sie knapp gar sind; herausnehmen und mit dem Muschel-Garsud unter die Tomatensauce mischen.

Die Spaghetti in reichlich kochendem Salzwasser nach Packungsangabe bissfest garen. In einem Sieb abtropfen lassen und zurück in den Topf geben. Die Sauce unter die Spaghetti mischen.

Spaghetti mit scharfen Auberginen

Für 4 Personen

500 g Spaghetti
125 ml Olivenöl
2 frische rote Chilischoten, in dünne Streifen geschnitten
1 Zwiebel, fein gewürfelt
3 Knoblauchzehen, zerdrückt
4 Scheiben Frühstücksspeck, gewürfelt
400 g Auberginen, gewürfelt
2 EL Balsamico-Essig
2 Tomaten, gewürfelt
3 EL in Streifen geschnittenes Basilikum

Die Pasta in reichlich kochendem Salzwasser nach Packungsangabe bissfest garen. In einem Sieb abtropfen lassen und zurück in den Topf geben.

In einer großen Pfanne mit hohem Rand 1 EL Öl erhitzen. Chili, Zwiebel, Knoblauch und Speck darin 5 Minuten braten, bis Zwiebel und Speck Farbe angenommen haben; herausnehmen.

Die Hälfte des restlichen Olivenöls in der Pfanne bei starker Hitze heiß werden lassen. Die Hälfte der Auberginenwürfel darin rundherum braun braten. Herausnehmen und die restlichen Auberginenwürfel im restlichen Öl ebenso braten. Alle Auberginenwürfel in die Pfanne geben, Essig, Tomaten und Basilikum untermischen und das Ganze heiß werden lassen; abschmecken.

Die Spaghetti mit der Auberginenmischung auf tiefe Teller verteilen und servieren.

Spaghetti alla puttanesca

Für 4 Personen

500 g Spaghetti
2 EL Olivenöl
1 Zwiebel, fein gewürfelt
2 Knoblauchzehen, in dünne Scheiben geschnitten
1 kleine frische rote Chilischote, von den Samen befreit, in Streifen geschnitten
6 Sardellenfilets, fein gehackt
1 Dose gehackte Tomaten (400 g)
1 EL fein gehackter Oregano
16 entsteinte schwarze Oliven, halbiert
2 EL sehr kleine Kapern
1 Handvoll Basilikumblätter

Die Pasta in reichlich kochendem Salzwasser nach Packungsangabe bissfest garen. In ein Sieb schütten und abtropfen lassen, dann zurück in den Topf geben.

Das Öl in einem großen Topf bei mittlerer Hitze heiß werden lassen. Zwiebel, Knoblauch und Chili darin 8 Minuten dünsten, bis die Zwiebelwürfel weich sind. Die Sardellen hinzufügen und 1 Minute mitdünsten. Tomaten, Oregano, Olivenhälften und Kapern dazugeben. Das Ganze aufkochen lassen und bei schwacher Hitze 3 Minuten köcheln lassen.

Die Sauce unter die Pasta heben. Das Gericht auf tiefe Teller verteilen, mit Basilikum bestreuen und servieren.

Nudelsalat mit Zitrone und Datteln

Für 4–6 Personen

400 g getrocknete entsteinte Datteln, halbiert
375 ml Portwein
500 g Ziti (große Röhrennudeln; ersatzweise Fettuccine oder Spaghetti)
3 EL Balsamico-Essig
125 ml Olivenöl
Zucker (nach Geschmack)
150 g Rucola
Schale von 3 in Salz eingelegten Zitronen (siehe Hinweis), abgespült, fein gehackt

Die Datteln mit dem Portwein in einem Topf aufkochen und bei schwacher Hitze 10 Minuten köcheln lassen. In einem Sieb abtropfen lassen, den Portwein dabei auffangen. Abkühlen lassen.

Die Pasta in reichlich kochendem Salzwasser nach Packungsangabe bissfest garen. In ein Sieb schütten und kalt abspülen, dann abtropfen und abkühlen lassen.

Den aufgefangenen Portwein in einer Schüssel mit Balsamico und Öl zu einem Dressing verrühren. Das Dressing, falls nötig, mit etwas Zucker abschmecken.

Das Dressing mit Datteln, Rucola und Zitronenschale zur Pasta geben und unterheben. Warm oder kalt servieren.

Hinweis: In Salz eingelegte Zitronen im Glas bekommen Sie im Delikatessengeschäft und im orientalischen Lebensmittelladen.

Fettuccine mit Zucchini

Für 4–6 Personen

500 g Fettuccine
50 g Butter
2 Knoblauchzehen, zerdrückt
500 g Zucchini, geraspelt
75 g Parmesan, gerieben
250 ml Olivenöl
16–18 Basilikumblätter

Die Pasta in reichlich kochendem Salzwasser nach Packungsangabe bissfest garen. In einem Sieb abtropfen lassen, dann zurück in den Topf geben.

Inzwischen die Butter in einer Pfanne mit hohem Rand aufschäumen lassen. Den Knoblauch darin 1 Minute dünsten, dann die Zucchiniraspel hinzufügen und unter gelegentlichem Rühren etwa 1–2 Minuten mitdünsten, bis sie weich sind.

Die Sauce mit dem Parmesan zur Pasta geben und untermischen.

Das Öl in einer kleinen Pfanne erhitzen. Die Basilikumblätter darin 1 Minute frittieren. Auf Küchenpapier abtropfen lassen und mit der Pasta servieren.

Fettuccine-Auflauf

Für 4–6 Personen

500 g Spinat-Fettuccine
50 g Butter
1 Zwiebel, fein gewürfelt
300 g saure Sahne
250 g Sahne
¼ TL geriebene Muskatnuss
50 g Parmesan, gerieben
150 g Mozzarella, geraspelt

Den Backofen auf 180 °C vorheizen. Die Pasta in reichlich kochendem Salzwasser nach Packungsangabe bissfest garen. In ein Sieb schütten und abtropfen lassen.

Inzwischen die Butter in einem großen Topf zerlassen. Die Zwiebelwürfel darin glasig dünsten. Pasta und saure Sahne hinzufügen und alles sorgfältig mischen.

Sahne, Muskat und die Hälfte des Parmesans sowie Salz und Pfeffer (nach Geschmack) unterrühren. Die Mischung in eine gefettete Auflaufform füllen. Den restlichen Parmesan mit dem geraspelten Mozzarella mischen und die Pasta damit bestreuen. Den Auflauf im heißen Ofen etwa 15 Minuten backen, bis er oben gebräunt ist.

Spaghetti-Tomaten-Salat

Für 4–6 Personen

500 g Spaghetti
1 sehr große Handvoll Basilikum, in dünne Streifen geschnitten
250 g Cocktailtomaten, halbiert
1 Knoblauchzehe, zerdrückt
50 g entsteinte schwarze Oliven, gehackt
3 EL Olivenöl
1 EL Balsamico-Essig
50 g Parmesan, gerieben

Die Pasta in reichlich kochendem Salzwasser nach Packungsangabe bissfest garen. In ein Sieb schütten und kalt abspülen; abtropfen lassen.

Das Basilikum mit Tomaten, Knoblauch, Oliven, Öl und Essig vermischen. Das Ganze 5 Minuten durchziehen lassen, dann unter die Pasta heben.

Den Parmesan untermischen und das Gericht abschmecken.

Spaghettini mit grünem Spargel und Rucola

Für 4 Personen

100 ml Olivenöl
16 dünne grüne Spargelstangen, in 5 cm lange Stücke geschnitten
500 g Spaghettini
120 g Rucola, in Streifen geschnitten
2 kleine frische rote Chilischoten, fein gehackt
2 TL abgeriebene unbehandelte Zitronenschale
1 Knoblauchzehe, fein gewürfelt
100 g Parmesan, gerieben
2 EL Zitronensaft

In einem großen Topf reichlich Wasser aufkochen lassen. Das Wasser salzen und 1 EL Öl hineingeben. Die Spargelstücke für 3–4 Minuten darin garen, dann mit einem Schaumlöffel herausheben und in kaltem Wasser abschrecken. Abtropfen lassen und in eine Schüssel geben. Das Wasser erneut aufkochen lassen und die Spaghettini darin nach Packungsangabe bissfest garen. In einem Sieb abtropfen lassen und zurück in den Topf geben.

Inzwischen Rucola, Chili, Zitronenschale, Knoblauch und zwei Drittel des Parmesans unter den Spargel mischen. Spargelmischung zur Pasta geben. Zitronensaft und das restliche Olivenöl sowie Salz und Pfeffer (nach Geschmack) hinzufügen und alles sorgfältig mischen. Das Gericht auf Schalen oder tiefe Teller verteilen, mit dem restlichen Parmesan bestreuen und servieren.

Hinweis: Anstelle von Spaghettini können Sie z. B. Tagliatelle, Makkaroni oder Fusilli verwenden.

Linguine mit geräucherter Hähnchenbrust

Für 4 Personen

1 EL Olivenöl
1 Stange Lauch, in dünne Scheiben geschnitten
3 große Knoblauchzehen, fein gewürfelt
125 ml Weißwein
300 g braune Champignons (Egerlinge), in Scheiben geschnitten
2 EL gehackter Thymian
300 g Sahne
2 geräucherte Hähnchenbrustfilets, in dünne Scheiben geschnitten
500 g Linguine

Das Öl in einem Topf bei schwacher Hitze heiß werden lassen. Den Lauch darin 3–4 Minuten dünsten. Den Knoblauch hinzufügen und 1 Minute mitdünsten. Den Wein dazugießen und 2–3 Minuten köcheln lassen, bis er auf die Hälfte reduziert ist.

Die Pilze mit dem Thymian hinzufügen und bei mittlerer Hitze 5 Minuten braten, bis die Flüssigkeit verdampft ist. Sahne und Hähnchenbrust untermischen und die Sauce 4–5 Minuten köcheln lassen, bis sie etwas eingedickt ist.

Die Pasta in reichlich kochendem Salzwasser nach Packungsangabe bissfest garen. In einem Sieb abtropfen lassen und mit der Sauce in tiefen Tellern servieren.

Spaghetti mit Räucherfisch und Oliven

Für 4 Personen

800 g vollreife Tomaten
500 g Spaghetti
1 EL Olivenöl
1 rote Zwiebel, gewürfelt
2 Knoblauchzehen, zerdrückt
1 TL Zucker
400 g Räucherlachsfilet, in Stücke gezupft
150 g schwarze Oliven
2 EL gehacktes Basilikum
75 g Schafskäse, zerbröckelt

Die Tomaten unten kreuzförmig einritzen, für 1 Minute in kochendes Wasser geben, dann in kaltem Wasser abschrecken. Anschließend die Tomaten halbieren, mithilfe eines Teelöffels entkernen und danach grob zerkleinern. Pasta in reichlich kochendem Salzwasser nach Packungsangabe bissfest garen. In einem Sieb abtropfen lassen und zurück in den Topf geben.

Das Öl in einem großen Topf erhitzen und die Zwiebelwürfel darin glasig dünsten. Knoblauch hinzufügen und 1 Minute mitdünsten, dann Tomaten und Zucker dazugeben. Alles bei mittlerer Hitze 8–10 Minuten köcheln lassen, bis eine dicke Sauce entstanden ist.

Den Räucherlachs mit Oliven und Basilikum unter die Sauce mischen und 2 Minuten in der Sauce erwärmen. Die Sauce unter die Spaghetti mischen. Das Gericht abschmecken, mit Schafskäse bestreuen und servieren.

Tagliatelle mit grünem Spargel und Kräutern

Für 4–6 Personen

500 g Tagliatelle
200 g grüner Spargel
2 EL Butter
1 EL gehackte Petersilie
1 EL gehacktes Basilikum
300 g Sahne
50 g Parmesan, gerieben

Die Pasta in reichlich kochendem Salzwasser nach Packungsangabe bissfest garen. In einem Sieb abtropfen lassen und wieder in den Topf geben.

Inzwischen die holzigen Enden vom Spargel abbrechen und die Stangen in kurze Stücke schneiden. Die Butter in einem Topf bei mittlerer Hitze zerlassen. Die Spargelstücke darin etwa 2 Minuten dünsten, bis sie knapp gar sind.

Petersilie, Basilikum und Sahne sowie Salz und Pfeffer (nach Geschmack) hinzufügen und die Sauce 2 Minuten kochen lassen.

Den Parmesan untermischen und die Sauce unter die Pasta mischen. Das Gericht auf vorgewärmte Schalen oder tiefe Teller verteilen und servieren.

Spaghetti mit scharfem Tintenfisch

Für 4 Personen

400 g küchenfertige Kalmartuben
500 g Spaghetti
2 EL Olivenöl
1 Stange Lauch, gehackt
2 Knoblauchzehen, zerdrückt
1–2 EL gehackte Chilischote
½ TL Cayennepfeffer
1 Dose gehackte Tomaten (400 g)
125 ml Fischfond (siehe Hinweis)
1 EL gehacktes Basilikum
2 TL gehackter Salbei
1 TL gehackter Majoran

Die Kalmartuben längs aufschneiden, mit den Innenseiten nach oben auf die Arbeitsfläche legen und rautenförmig ein-, aber nicht durchschneiden. Die Tuben jeweils in vier Stücke schneiden.

Die Pasta in reichlich kochendem Salzwasser nach Packungsangabe bissfest garen. In einem Sieb abtropfen lassen und zurück in den Topf geben.

Inzwischen das Öl in einer großen Pfanne erhitzen. Den Lauch darin 2 Minuten dünsten, dann den Knoblauch hinzufügen und bei schwacher Hitze unter Rühren 1 Minute mitdünsten. Chili, Cayennepfeffer, Tomaten, Fond und Kräuter untermischen. Die Sauce bei schwacher Hitze 5 Minuten köcheln lassen.

Die Kalmarstücke in 5–10 Minuten in der Sauce gar ziehen lassen. Spaghetti mit der Sauce mischen, auf tiefe Teller verteilen und sofort servieren.

Hinweis: Für etwa 1 l Fischfond 500 g Fischabschnitte mit 1 gewürfelten Zwiebel, 1 gewürfelten Selleriestange, 1 gewürfelten Möhre, ein paar Pfefferkörnern und 1 Lorbeerblatt in einem großen Topf mit 1,25 l kaltem Wasser bedecken. Aufkochen und bei schwacher Hitze 30 Minuten köcheln lassen. Den Fond durch ein Sieb gießen und sofort weiterverwenden.

Tagliatelle mit Tomaten-Walnuss-Sauce

Für 4–6 Personen

4 vollreife Eiertomaten
3 EL Olivenöl
1 Zwiebel, fein gewürfelt
1 Selleriestange, fein gehackt
1 Möhre, geraspelt
2 EL gehackte Petersilie
1 TL Rotweinessig
3 EL Weißwein
500 g Tagliatelle oder Fettuccine
100 g Walnusskerne, grob gehackt
geriebener Parmesan zum Bestreuen

Die Tomaten unten kreuzförmig einritzen. Für 1 Minute in kochendes Wasser geben, dann in kaltem Wasser abschrecken. Anschließend die Tomaten häuten und grob zerkleinern.

In einem großen Topf die Hälfte des Öls erhitzen. Zwiebel und Sellerie darin 5 Minuten dünsten. Tomaten, Möhre, Petersilie und Essig hinzufügen und alles 25 Minuten köcheln lassen. Die Sauce abschmecken.

Die Pasta in reichlich kochendem Salzwasser nach Packungsangabe bissfest garen. In einem Sieb abtropfen lassen und wieder in den Topf geben.

Das restliche Öl in einer Pfanne erhitzen. Die Walnüsse darin 5 Minuten rösten. Die Sauce unter die Pasta heben. Das Gericht auf Schalen oder Teller verteilen, mit Walnüssen und Parmesan bestreuen und servieren.

Spaghetti-Omelett aus dem Ofen

Für 4 Personen

30 g Butter, mehr für die Form
125 g kleine Champignons, in Scheiben geschnitten
1 rote oder grüne Paprikaschote, gewürfelt
125 g gekochter Schinken, in Streifen geschnitten
100 g TK-Erbsen
6 Eier
250 g Sahne
100 g Spaghetti, gekocht und in Stücke geschnitten
2 EL gehackte Petersilie
3 EL geriebener Parmesan

Den Backofen auf 180 °C vorheizen. Eine runde ofenfeste Form (23 cm ∅) fetten. Die Butter in einer Pfanne bei schwacher Hitze zerlassen. Die Pilze darin 2–3 Minuten dünsten.

Die Paprikawürfel hinzufügen und 1 Minute mitdünsten. Den Schinken und die gefrorenen Erbsen untermischen. Die Pfanne vom Herd nehmen und die Mischung etwas abkühlen lassen.

Die Eier in einer großen Schüssel mit der Sahne verquirlen; salzen und pfeffern. Spaghetti, Petersilie und Pilzmischung unterrühren. Die Eier-Nudel-Masse in die Form füllen, mit dem Parmesan bestreuen und im heißen Ofen 25–30 Minuten backen.

Tagliatelle mit Spargel, Erbsen und Kräutersauce

Für 4 Personen

500 g Tagliatelle
2 Stangen Lauch, in dünne Scheiben geschnitten
250 ml Hühner- oder Gemüsebrühe
3 Knoblauchzehen
250 g Erbsen
1 EL fein gehackte Minze
400 g grüner Spargel, in 5 cm lange Stücke geschnitten
1 kleines Bund Petersilie, fein gehackt
1 Handvoll Basilikum, in Streifen geschnitten
100 g Sahne
1 Prise geriebene Muskatnuss
1 EL geriebener Parmesan
Olivenöl zum Beträufeln

Die Pasta in reichlich kochendem Salzwasser nach Packungsangabe bissfest garen. In einem Sieb abtropfen lassen und wieder in den Topf geben.

Den Lauch mit 125 ml Brühe in einer großen Pfanne mit hohem Rand bei schwacher Hitze unter häufigem Rühren 4–5 Minuten dünsten. Knoblauch, Erbsen und Minze 1 Minute mitdünsten, dann die restliche Brühe und 125 ml Wasser dazugießen; aufkochen und 5 Minuten köcheln lassen. Spargel, Petersilie, Basilikum, Salz und Pfeffer untermischen. Alles 3–4 Minuten köcheln lassen, bis der Spargel knapp gar und die Sauce etwas eingedickt ist. Sahne, Muskat und Parmesan unterrühren und die Sauce abschmecken.

Die Sauce unter die Pasta mischen. Das Gericht auf tiefe Teller verteilen, mit Olivenöl beträufeln und servieren.

Linguine mit Brokkoli, Pinienkernen und Zitrone

Für 4–6 Personen

500 g Linguine
600 g Brokkoli, in Röschen zerteilt
100 g Pinienkerne
125 ml Olivenöl
2 EL abgeriebene unbehandelte Zitronenschale
3 EL Zitronensaft
1 TL Chiliflocken
50 g Parmesan, gerieben

Die Pasta in reichlich kochendem Salzwasser nach Packungsangabe bissfest garen. In ein Sieb schütten und abtropfen lassen, dann zurück in den Topf geben. Inzwischen den Brokkoli für etwa 2 Minuten in kochendes Salzwasser geben. Sobald er knapp gar und noch kräftig grün ist, abgießen und beiseitestellen.

Die Pinienkerne in einer großen beschichteten Pfanne 2–3 Minuten rösten, bis goldgelb sind. Herausnehmen und grob hacken. Öl und Zitronenschale in der Pfanne erwärmen, bis Duft aufsteigt. Brokkoli, Pinienkerne, Zitronensaft und Chiliflocken hinzufügen und unter Rühren heiß werden lassen. Sauce abschmecken und mit dem Parmesan unter die Pasta mischen. Das Gericht auf Schalen oder tiefe Teller verteilen und servieren.

Spaghetti mit Miesmuscheln und Sahnesauce

Für 4 Personen

500 g Spaghetti
1,5 kg Miesmuscheln
2 EL Olivenöl
2 Knoblauchzehen, zerdrückt
125 ml Weißwein
250 g Sahne
2 EL gehacktes Basilikum

Die Spaghetti in reichlich kochendem Salzwasser nach Packungsangabe bissfest garen. In einem Sieb abtropfen lassen und zurück in den Topf geben.

Die Muscheln entbarten und gründlich bürsten. Offene Exemplare wegwerfen. Das Öl in einem großen Topf erhitzen. Den Knoblauch darin unter Rühren 30 Sekunden dünsten.

Die Muscheln mit dem Wein hinzufügen und zugedeckt 5 Minuten in der köchelnden Flüssigkeit dämpfen. Die Muscheln herausheben; Exemplare, die sich nicht geöffnet haben, wegwerfen. Sahne und Basilikum in den Dämpfsud geben, alles unter gelegentlichem Rühren 2 Minuten köcheln lassen, dann abschmecken. Spaghetti mit Sauce und Muscheln auf tiefen Tellern anrichten und servieren.

Gedreht

Fusilli & Co.

Fusilli mit Ofentomaten, Tapenade und Mozzarella

Für 4–6 Personen

800 g Cocktailtomaten, große Exemplare halbiert
500 g Fusilli
300 g Mozzarella, in Stückchen geschnitten
1 EL gehackter Thymian

Tapenade
1 1/2 EL Kapern
2 kleine Knoblauchzehen, geschält
200 g schwarze Oliven, in Scheiben geschnitten
3 EL Zitronensaft
75–100 ml Olivenöl

Den Backofen auf 200 °C vorheizen. Die Tomaten auf ein Backblech legen, mit Salz und Pfeffer bestreuen und im heißen Ofen 10 Minuten backen, bis sie schrumpelig werden.

Für die Tapenade Kapern, Knoblauch, Oliven und Zitronensaft in der Küchenmaschine pürieren. Bei laufendem Motor nach und nach Öl dazugießen, bis eine Paste entstanden ist.

Die Pasta in reichlich kochendem Salzwasser nach Packungsangabe bissfest garen. In ein Sieb schütten und abtropfen lassen, dann zurück in den Topf geben.

Tapenade und Mozzarella unter die heiße Pasta mischen. Die Pasta mit den Tomaten in tiefen Tellern anrichten und sofort servieren.

Warmer Nudel-Hähnchen-Salat mit Minze

Für 4 Personen

250 g Cotelli/Cavatappi
125 ml Olivenöl
1 große rote Paprikaschote, geviertelt
3 Hähnchenbrustfilets
6 Frühlingszwiebeln, in 2 cm lange Stücke geschnitten
4 Knoblauchzehen, in dünne Scheiben geschnitten
1 Handvoll Minzeblätter, gehackt
75 ml Apfelessig
100 g junger Blattspinat

Die Pasta in reichlich kochendem Salzwasser nach Packungsangabe bissfest garen. In ein Sieb schütten und abtropfen lassen; wieder in den Topf geben und mit 1 EL Öl mischen.

Inzwischen die Paprikastücke mit den Hautseiten nach oben für 8–10 Minuten unter oder auf dem heißen Grill rösten, bis die Haut verkohlt und blasig ist. In einem Gefrierbeutel abkühlen lassen, dann häuten und in dünne Streifen schneiden. Hähnchenbrustfilets zwischen zwei Lagen Frischhaltefolie etwas flach klopfen.

In einer großen Pfanne 1 EL Öl erhitzen. Das Fleisch darin auf jeder Seite 2–3 Minuten braten, bis es gar und leicht gebräunt ist. Herausnehmen; in 5 mm dicke Scheiben schneiden.

Noch 1 EL Öl in die Pfanne geben. Frühlingszwiebeln, Knoblauch und Paprika darin 2–3 Minuten dünsten. Zwei Drittel der Minze, den Essig und das restliche Öl darin erwärmen. Zwiebelmischung, Fleisch und Spinat sowie die restliche Minze zur Pasta geben und alles sorgfältig mischen. Salat abschmecken; warm servieren.

Lamm-Nudel-Eintopf

Für 6–8 Personen

2 EL Olivenöl
500 g mageres Lammfleisch, in mundgerechte Stücke geschnitten
2 Zwiebeln, fein gewürfelt
2 Möhren, fein gewürfelt
4 Selleriestangen, gehackt
1 Dose gehackte Tomaten (400 g)
2 l heiße Rinderbrühe
300 g Fusilli

Das Öl in einem großen Topf erhitzen. Das Fleisch darin portionsweise kräftig anbraten, die Zwiebelwürfel dazugeben und mitbraten.

Möhren, Sellerie, Tomaten und Brühe hinzufügen und alles verrühren. Aufkochen, dann zugedeckt bei schwacher Hitze 15 Minuten köcheln lassen.

Die Fusilli in den Topf geben und kurz unterrühren. Den Eintopf offen 15 Minuten köcheln lassen, bis Fleisch und Nudeln gar sind.

Hinweis: Sie können die Pasta auch separat nach Packungsangabe garen. In einem Sieb abtropfen lassen und erst unmittelbar vor dem Servieren unter die Suppe mischen.

Varianten: Weniger intensiv schmeckt die Suppe, wenn Sie halb Brühe, halb Wasser verwenden. Statt Rinderbrühe können Sie Gemüsebrühe nehmen.

Nudelauflauf mit Schinken und Gemüse

Für 6–8 Personen

3 EL Olivenöl, mehr für die Form
35 g Semmelbrösel
250 g Pasta (z. B. Cavatappi oder Fusilli)
100 g luftgetrockneter Schinken, in klein gewürfelt
1 rote Zwiebel, gewürfelt
1 rote Paprikaschote, gewürfelt
100 g sonnengetrocknete Tomaten, grob zerkleinert
3 EL in Streifen geschnittenes Basilikum
100 g Parmesan, gerieben
4 Eier, verquirlt
150 ml Milch

Den Backofen auf 180 °C vorheizen. Eine runde Auflaufform (etwa 25 cm ∅) mit etwas Öl ausfetten und mit 2 EL Semmelbrösel ausstreuen. Die Pasta in reichlich kochendem Salzwasser nach Packungsangabe bissfest garen. In einem Sieb abtropfen lassen und wieder in den Topf geben.

In einer großen Pfanne 1 EL Öl erhitzen. Schinken und Zwiebel darin 4–5 Minuten bei mittlerer Hitze braten. Paprika und Tomaten hinzufügen und 1–2 Minuten mitbraten. Das Ganze mit Basilikum und Parmesan unter die Nudeln heben. Die Mischung in die Form füllen.

Die Eier in einer Schüssel mit der Milch verquirlen; salzen und pfeffern. Die Nudelmischung mit der Eiermilch begießen. Die restlichen Semmelbrösel mit Salz, Pfeffer und dem restlichen Öl mischen; über die Zutaten in der Form gießen. Den Auflauf im heißen Ofen 40 Minuten backen, bis die Eier gestockt sind. Herausnehmen, vor dem Servieren 5 Minuten ruhen lassen und mit grünem Salat servieren.

Cotelli mit Frühlingsgemüse

Für 4 Personen

500 g Cotelli/Cavatappi
300 g Tiefkühl-Erbsen
75 ml Olivenöl
6 Frühlingszwiebeln, in 3 cm lange Stücke geschnitten
2 Knoblauchzehen, fein gewürfelt
250 ml Hühnerbrühe
12 grüne Spargelstangen, in 5 cm lange Stücke geschnitten
300 g Tiefkühl-Dicke-Bohnen-Kerne, gehäutet
Saft und abgeriebene Schale von 1 unbehandelten Zitrone
Parmesanspäne zum Bestreuen

Die Pasta in reichlich kochendem Salzwasser nach Packungsangabe bissfest garen. In einem Sieb abtropfen lassen und zurück in den Topf geben.

Inzwischen die Erbsen 3–4 Minuten in kochendem Wasser garen. Mit einem Schaumlöffel herausheben und in kaltem Wasser abschrecken.

In einer Pfanne 2 EL Öl erhitzen. Die Frühlingszwiebeln darin mit dem Knoblauch 2 Minuten dünsten. Die Brühe dazugießen und 5 Minuten lang etwas einkochen lassen. Den Spargel dazugeben und 3 Minuten garen, dann Erbsen und Dicke Bohnen unterrühren und alles noch 2–3 Minuten köcheln lassen.

Die Pasta mit dem restlichen Öl mischen. Gemüsemischung, Zitronensaft und Zitronenschale unterheben. Das Gericht abschmecken, auf Schalen oder tiefe Teller verteilen, mit Parmesanspänen bestreuen und servieren.

Nudelsalat mit Sherry-Vinaigrette

Für 6 Personen

300 g Fusilli
250 g Blumenkohlröschen
125 ml Olivenöl
16 Scheiben Pancetta oder anderer durchwachsener Speck
1 kleine Handvoll Salbeiblätter
100 g Pinienkerne, geröstet
2 EL fein gewürfelte rote Schalotten
1½ EL Sherryessig
1 kleine frische rote Chilischote, fein gehackt
2 Knoblauchzehen, zerdrückt
1 TL Zucker
2 EL Orangensaft
1 kleines Bund Petersilie, fein gehackt
Parmesanspäne zum Bestreuen

Die Pasta in reichlich kochendem Salzwasser nach Packungsangabe bissfest garen. In ein Sieb schütten, kalt abspülen und gut abtropfen lassen. Die Blumenkohlröschen für 3 Minuten in kochendes Wasser geben; in einem Sieb abtropfen und abkühlen lassen.

In einer beschichteten Pfanne 1 EL Öl erhitzen. Den Speck darin knusprig braten, herausnehmen und auf Küchenpapier abtropfen lassen. Noch 1 EL Öl in die Pfanne geben und die Salbeiblätter darin in etwa 1 Minute knusprig braten. Die Pasta in einer großen Schüssel mit Pinienkernen und Blumenkohl mischen.

Das restliche Öl erhitzen und die Schalottenwürfel darin in etwa 2 Minuten glasig dünsten; vom Herd nehmen. Essig, Chili, Knoblauch, Zucker, Orangensaft und Petersilie unterrühren. Dieses Dressing behutsam unter die Pasta mischen.

Den Salat in eine Servierschüssel füllen. Den Speck zerbröckeln und darüberstreuen. Den Salat mit den Salbeiblättern und Parmesanspänen bestreuen und servieren.

Schnelle Nudelaufläufe mit Hähnchenfleisch

Für 4 Personen

200 g Fusilli
1 Dose Champignon- oder Brokkolicremesuppe (425 g)
250 g saure Sahne
1 TL Currypulver
600 g gegartes Hähnchenfleisch (z. B. von einem Brathähnchen)
250 g Brokkoli, in Röschen geteilt
100 g frische Brotkrumen
200 g junger Gouda, geraspelt

Den Backofen auf 180 °C vorheizen. Die Pasta in reichlich kochendem Salzwasser nach Packungsangabe bissfest garen. In einem Sieb abtropfen lassen und wieder in den Topf geben.

Die Suppe mit der sauren Sahne und Currypulver verrühren; mit Salz und Pfeffer abschmecken.

Das Hähnchenfleisch in Stücke schneiden; mit Pasta, Brokkoli und Suppe mischen. Die Nudelmischung auf vier gefettete Auflaufförmchen (je 500 ml Inhalt) verteilen. Brotkrumen und Käse mischen. Die Aufläufe damit bestreuen und im heißen Ofen 25–30 Minuten backen, bis der Käse geschmolzen ist.

Variante: Sie können aus der Masse auch einen großen Auflauf zubereiten, dafür alles in eine Auflaufform (2 l Inhalt) füllen und 40 Minuten backen.

Pasta mit sahniger Tomaten-Speck-Sauce

Für 4 Personen

500 g Pasta (z. B. Cresti di Gallo; siehe Hinweis)
1 EL Olivenöl
175 g durchwachsener Speck, in dünne Scheiben geschnitten
500 g Eiertomaten, grob zerkleinert
125 g Sahne
2 EL Tomatenpesto
2 EL gehackte Petersilie
50 g Parmesan, gerieben

Die Pasta in reichlich kochendem Salzwasser nach Packungsangabe bissfest garen. In ein Sieb schütten und abtropfen lassen, dann zurück in den Topf geben.

Inzwischen das Öl in einer Pfanne erhitzen. Den Speck darin 2 Minuten braten. Die Tomaten hinzufügen und unter häufigem Rühren bei mittlerer Hitze 2 Minuten mitbraten, bis sie weich sind, aber noch nicht zerfallen.

Sahne und Pesto untermischen. Die Sauce vom Herd nehmen, die Petersilie unterrühren; die Sauce mit dem Parmesan unter die Pasta heben.

Hinweis: »Cresti di Gallo« bedeutet »Hahnenkämme«.

Weiße-Bohnen-Suppe mit Pasta

Für 6 Personen

Pesto
50 g Pinienkerne
2 große Handvoll Basilikum
50 g Rucola
2 Knoblauchzehen, gewürfelt
40 g Parmesan, gerieben
75 ml Olivenöl

200 g Fusilli
1 Dose weiße Bohnen (600 g)
1,5 l Hühnerbrühe

Für das Pesto die Pinienkerne in einer Pfanne ohne Fett in 1–2 Minuten goldbraun rösten. Zum Abkühlen auf einen Teller geben, dann mit Basilikum, Rucola, Knoblauch und Parmesan in der Küchenmaschine mixen. Bei laufendem Motor das Öl in dünnem Strahl dazugießen. Das Pesto abschmecken.

Die Pasta in reichlich kochendem Salzwasser nach Packungsangabe bissfest garen. In einem Sieb abtropfen lassen und wieder in den Topf geben. Bohnen in einem Sieb abtropfen lassen.

Die Brühe in einem großen Topf aufkochen lassen. Pasta und Bohnen hineingeben und in der köchelnden Flüssigkeit erwärmen. Die Suppe auf Schalen oder tiefe Teller verteilen, mit Pesto garnieren und servieren.

Fusilli mit Thunfisch, Kapern und Petersilie

Für 4 Personen

2 Dosen Thunfisch naturell (Abtropfgewicht je etwa 190 g)
2 EL Olivenöl
2 Knoblauchzehen, fein gewürfelt
2 kleine frische rote Chilischoten, fein gehackt
3 EL Kapern
1 kleines Bund Petersilie, gehackt
3 EL Zitronensaft
500 g Fusilli
200 ml heiße Hühnerbrühe

Den Thunfisch in einem Sieb abtropfen lassen. In einer großen Schüssel mit zwei Gabeln zerpflücken. Das Öl in einer kleinen Schüssel mit Knoblauch, Chilis, Kapern, Petersilie und Zitronensaft gut verrühren. Die Mischung zum Thunfisch geben und locker unterheben; abschmecken.

Die Pasta in reichlich kochendem Salzwasser nach Packungsangabe bissfest garen. In einem Sieb abtropfen lassen und mit der Thunfischmischung vermengen. Dabei die Hühnerbrühe hinzufügen, damit das Ganze nicht zu trocken wird – möglicherweise benötigen Sie nicht die gesamte Brühe.

Garganelli mit gepfeffertem Schweinefilet und Zucchini

Für 4 Personen

500 g Schweinefilet
3–4 TL geschroteter schwarzer Pfeffer
80 g Butter
250 g Garganelli (gewickelte Röhrennudeln)
1 Zwiebel, in dünne Halbringe geschnitten
2 große Zucchini, in dünne Scheiben geschnitten
1 große Handvoll Basilikumblätter, in Stücke gezupft
150 g kleine schwarze Oliven
50 g Pecorino, gerieben

Das Schweinefilet der Länge nach halbieren. Den Pfeffer mit etwas Salz mischen und die Filetstücke darin wälzen. Die Hälfte der Butter in einer großen Pfanne mit hohem Rand erhitzen. Das Fleisch darin auf jeder Seite 4 Minuten braten, bis es goldbraun und knapp gar ist. Herausnehmen und in 5 mm dicke Scheiben schneiden; warm halten.

Die Pasta in reichlich kochendem Salzwasser nach Packungsangabe bissfest garen. In einem Sieb abtropfen lassen, dann zurück in den Topf geben.

Inzwischen die restliche Butter in der Pfanne zerlassen. Die Zwiebel darin glasig dünsten. Zucchinischeiben hinzufügen und 5 Minuten mitdünsten. Basilikum, Oliven, Fleischscheiben und ausgetretenen Fleischsaft untermischen. Die Fleischmischung unter die Pasta heben. Das Gericht abschmecken, mit Pecorino bestreuen und sofort servieren.

Nudelsuppe mit Mais und Süßkartoffel

Für 6 Personen

1 Dose Maiskörner (400 g)
2 TL Olivenöl
1 Zwiebel, gewürfelt
1 Möhre, gewürfelt
2 Selleriestangen, gewürfelt
1 orangefleischige Süßkartoffel, geschält, gewürfelt
1 l Gemüsebrühe
100 g Fusilli

Den Mais in einem Sieb abtropfen lassen. Das Öl in einem großen Topf erhitzen. Zwiebel, Möhre und Sellerie darin etwa 10 Minuten dünsten.

Süßkartoffelwürfel, Mais und Brühe hinzufügen. Aufkochen und etwa 15 Minuten köcheln lassen.

Die Pasta in den Topf geben und die Suppe noch etwa 10 Minuten köcheln lassen, bis die Nudeln bissfest sind. Sofort servieren.

Nudel-Tomaten-Gratin mit Artischocken

Für 4 Personen

500 g Cavatappi/Cotelli
200 g abgetropfte Artischockenherzen (aus Glas oder Dose)
2 EL Olivenöl, mehr für die Form
250 g Sahne
2 EL gehackter Thymian
2 Knoblauchzehen, zerdrückt
75 g Parmesan, gerieben
200 g Emmentaler, geraspelt
1 kg Tomaten, in 5 mm dicke Scheiben geschnitten

Die Pasta in reichlich kochendem Salzwasser nach Packungsangabe bissfest garen. In ein Sieb schütten und abtropfen lassen, dann zurück in den Topf geben.

Eine Lasagneform dünn fetten. Die Artischockenherzen in kleine Stücke schneiden und diese mit Olivenöl, Sahne, Thymian, Knoblauch, der Hälfte des Parmesans und drei Viertel des Emmentalers unter die Pasta mischen. Die Nudelmischung salzen, pfeffern und in die Form geben.

Die Tomatenscheiben dachziegelartig darauflegen; salzen, pfeffern und mit dem restlichen Käse bestreuen. Das Ganze für 6 Minuten unter den heißen Backofengrill schieben, bis der Käse geschmolzen und goldbraun ist.

Pasta mit Hähnchenbrust, Pilzen und Estragon

Für 4 Personen

500 g Fusilli
2 EL Olivenöl
400 g Hähnchenbrustfilet, in mundgerechte Stücke geschnitten
20 g Butter
400 g Champignons, in Scheiben geschnitten
2 Knoblauchzehen, fein gewürfelt
125 ml Weißwein
200 g Sahne
1 TL abgeriebene unbehandelte Zitronenschale
2 EL Zitronensaft
1 EL gehackter Estragon
2 EL gehackte Petersilie
3 EL geriebener Parmesan, mehr zum Bestreuen

Die Pasta in reichlich kochendem Salzwasser nach Packungsangabe bissfest garen. In einem Sieb abtropfen lassen und wieder in den Topf geben.

Inzwischen 1 EL Öl in einer großen Pfanne erhitzen. Das Fleisch darin kräftig anbraten; herausnehmen.

Die Butter und das restliche Öl in der Pfanne erhitzen und die Pilze darin 3 Minuten braten. Den Knoblauch hinzufügen und 2 Minuten mitbraten.

Den Wein dazugießen und bei schwacher Hitze in etwa 5 Minuten fast vollständig einkochen lassen. Sahne und Fleisch dazugeben und alles köcheln lassen, bis die Sauce eingedickt ist.

Zitronenschale und -saft, Estragon, Petersilie und Parmesan unter die Sauce rühren. Abschmecken, dann zur Pasta geben und sorgfältig unterheben. Das Gericht auf Schalen oder tiefe Teller verteilen, mit geriebenem Parmesan bestreuen und servieren.

Fusilli mit Brokkoli, Chili und Oliven

Für 4 Personen

3 EL Olivenöl
1 Zwiebel, fein gewürfelt
3 Knoblauchzehen, zerdrückt
1 TL Chiliflocken
400 g Brokkoliröschen
150 ml Gemüsebrühe
500 g Fusilli
100 g entsteinte schwarze Oliven, gehackt
3 EL fein gehackte Petersilie
3 EL geriebener Pecorino
2 EL in Streifen geschnittenes Basilikum

Das Öl in einer großen beschichteten Pfanne erhitzen. Zwiebel und Knoblauch darin mit den Chiliflocken dünsten, dann die Brokkoliröschen hinzufügen und 5 Minuten mitdünsten. Die Brühe dazugeben und alles zugedeckt noch 5 Minuten garen; vom Herd nehmen.

Die Pasta in reichlich kochendem Salzwasser nach Packungsangabe bissfest garen. In einem Sieb abtropfen lassen und wieder in den Topf geben.

Die Brokkolimischung mit Oliven, Petersilie, Pecorino und Basilikum unter die Pasta heben. Das Gericht abschmecken und sofort servieren.

Fusilli mit Gulasch

Für 4 Personen

500 g Fusilli
2 EL Olivenöl
1 große Zwiebel, in schmale Spalten geschnitten
500 g Rinderlende, in 2 cm große Würfel geschnitten
1 EL Mehl
1 kleine grüne Paprikaschote, gewürfelt
2 Dosen gehackte Tomaten (je 400 g)
1 TL rosenscharfes Paprikapulver
100 g saure Sahne

Die Pasta in reichlich kochendem Salzwasser nach Packungsangabe bissfest garen. In ein Sieb schütten und abtropfen lassen; wieder in den Topf geben.

Inzwischen 1 EL Öl in einer großen Pfanne erhitzen. Die Zwiebelspalten bei schwacher Hitze darin 4–5 Minuten dünsten; herausnehmen.

Das restliche Öl in der Pfanne stark erhitzen. Die Fleischwürfel in Mehl wenden, überschüssiges Mehl abschütteln. Das Fleisch in der Pfanne in 2 Minuten rundherum anbraten. Paprika, Tomaten, Paprikapulver und Zwiebelspalten untermischen.

Alles aufkochen, dann bei schwacher Hitze unter gelegentlichem Rühren etwa 8–10 Minuten köcheln lassen; abschmecken. Die Pasta auf Schalen oder tiefe Teller verteilen, Gulasch und saure Sahne darauf anrichten; servieren.

Mediterrane Gemüsesuppe mit Nudeln

Für 6 Personen

1 Aubergine, gewürfelt
1 EL Olivenöl
1 große Zwiebel, gewürfelt
1 große rote Paprikaschote, gewürfelt
1 große grüne Paprikaschote, gewürfelt
2 Knoblauchzehen, zerdrückt
3 Zucchini, in Scheiben geschnitten
2 Dosen gehackte Tomaten (je 400 g)
1 TL getrockneter Oregano
½ TL getrockneter Thymian
1 l Gemüsebrühe
50 g Cotelli/Cavatappi
geriebener Parmesan zum Bestreuen

Die Auberginenwürfel in ein Sieb geben und großzügig salzen. 20 Minuten Wasser ziehen lassen, dann kalt abspülen und mit Küchenpapier trocken tupfen.

Das Öl in einem Topf erhitzen. Die Zwiebelwürfel darin in etwa 10 Minuten weich und goldgelb dünsten, dann Paprika, Knoblauch, Zucchini und Auberginen 5 Minuten mitdünsten.

Tomaten, Kräuter und Brühe hinzufügen. Alles aufkochen und 10 Minuten köcheln lassen, bis das Gemüse weich ist. Die Nudeln dazugeben und in etwa 15 Minuten in der Suppe bissfest garen. Die Suppe mit geriebenem Parmesan zum Bestreuen servieren.

Pasta-Süßkartoffel-Salat mit Rucola und Walnüssen

Für 4 Personen

800 g orangefleischige Süßkartoffeln, geschält, in 2 cm große Würfel geschnitten
175 ml Olivenöl
125 g Walnusskerne, grob gehackt
350 g Fricelli (gerollte kurze Pasta)
150 g Brie oder Camembert (Raumtemperatur)
2 Knoblauchzehen, zerdrückt
2 TL Zitronensaft
½ TL Zucker
100 g junger Rucola

Den Backofen auf 200 °C vorheizen. Ein Backblech mit Backpapier belegen. Die Süßkartoffelwürfel mit 2 EL Öl auf dem Blech mischen. Salzen, pfeffern und im heißen Ofen in 30 Minuten goldbraun rösten, dabei nach der Hälfte der Garzeit einmal wenden.

Die Nüsse auf einem Backblech verteilen und im Ofen 10 Minuten rösten.

Die Pasta in reichlich kochendem Salzwasser nach Packungsangabe bissfest garen. In einem Sieb abtropfen lassen, dann zurück in den Topf geben.

Zwei Drittel des Käses entrinden, den Rest würfeln. 2 EL Walnüsse fein hacken; mit Knoblauch, Zitronensaft, Zucker, dem restlichen Öl und dem entrindeten Käse zu einem Dressing verrühren; das Dressing abschmecken. Die Pasta in einer Schüssel mit Süßkartoffeln, Rucola, Käsewürfeln und den restlichen Nüssen vermengen. Das Dressing untermischen und das Gericht sofort servieren.

Nudelauflauf mit Brokkoli und Hähnchenfleisch

Für 6–8 Personen

500 g Fricelli (gerollte kurze Pasta)
1 Dose Champignoncremesuppe (425 g)
2 Eier
200 g Mayonnaise
1 EL Dijonsenf
200 g Emmentaler, geraspelt
2 EL Olivenöl
600 g Hähnchenbrustfilet, in dünne Scheiben geschnitten
400 g Brokkoliröschen
50 g frische Brotkrumen

Den Backofen auf 180 °C vorheizen. Die Pasta in reichlich kochendem Salzwasser nach Packungsangabe bissfest garen. In ein Sieb schütten und abtropfen lassen; wieder in den Topf geben.

Die Suppe in einer Schüssel mit Mayonnaise, Senf und der Hälfte des Käses verrühren.

Das Öl in einer Pfanne erhitzen und das Fleisch darin bei mittlerer Hitze 5–6 Minuten braten; salzen, pfeffern und abkühlen lassen.

Fleisch und Brokkoli zur Pasta geben. Die Suppenmischung unterrühren. Das Ganze in eine flache Auflaufform (3 l Inhalt) füllen. Die Brotkrumen mit dem restlichen Käse vermischen und die Pastamischung damit bestreuen. Den Auflauf im heißen Ofen 20 Minuten backen, bis er goldbraun ist.

Italienisches Omelett

Für 4 Personen

2 EL Olivenöl
1 Zwiebel, fein gewürfelt
150 g gekochter Schinken, gewürfelt
6 Eier
3 EL Milch
150 g Fusilli, gekocht
3 EL geriebener Parmesan
2 EL gehackte Petersilie
1 EL gehacktes Basilikum
50 g junger Parmesan, geraspelt

1 EL Öl in einer Pfanne erhitzen. Die Zwiebelwürfel darin glasig dünsten. Den Schinken hinzufügen und 1 Minute mitdünsten. Die Zwiebelmischung auf einen Teller geben.

Eier mit Milch sowie Salz und Pfeffer (nach Geschmack) verquirlen. Pasta, geriebenen Parmesan, Kräuter und Zwiebelmischung unterrühren.

Den Backofengrill auf höchster Stufe vorheizen. Das restliche Öl in der Pfanne bei mittlerer Hitze heiß werden lassen. Die Eimischung in die Pfanne geben und mit dem geraspelten Parmesan bestreuen. Das Omelett backen, bis es an den Rändern fest wird, dann unter dem Grill rösten, bis es oben leicht gebräunt ist. In Stücke schneiden und servieren.

Fusilli mit Speck und Dicken Bohnen

Für 4–6 Personen

500 g Fusilli oder Penne
300 g Dicke-Bohnen-Kerne
2 EL Olivenöl
2 Stangen Lauch, in dünne Scheiben geschnitten
200 g Frühstücksspeck, gewürfelt
300 g Sahne
2 TL abgeriebene unbehandelte Zitronenschale

Die Pasta in reichlich kochendem Salzwasser nach Packungsangabe bissfest garen. In einem Sieb abtropfen lassen und zurück in den Topf geben.

Inzwischen die Dicken Bohnen in kochendes Wasser geben. Mit einem Schaumlöffel herausheben und in kaltem Wasser abschrecken. Die Bohnen in einem Sieb abtropfen und abkühlen lassen, dann aus den Häutchen drücken.

Das Öl in einer Pfanne bei mittlerer Hitze heiß werden lassen. Lauch und Speck darin unter gelegentlichem Rühren etwa 8 Minuten braten, bis der Lauch Farbe angenommen hat. Die Sahne mit der Zitronenschale hinzufügen und alles 2 Minuten köcheln lassen. Die Dicken Bohnen untermischen und die Sauce abschmecken.

Die Sauce unter die Pasta heben. Das Gericht auf Schalen oder tiefe Teller verteilen und sofort servieren.

Pasta mit Bratwurstsauce

Für 4 Personen

150 g Fusilli
4 rohe Bratwürste
2 EL Olivenöl
1 große rote Zwiebel, in Spalten geschnitten
250 ml italienische Tomatensauce (Fertigprodukt)
4 kleine vollreife Tomaten, gehäutet, entkernt und gewürfelt
2 EL gehackte Petersilie

Die Pasta in reichlich kochendem Salzwasser nach Packungsangabe bissfest garen. In ein Sieb schütten und abtropfen lassen, dabei 3 EL Kochwasser auffangen. Die Pasta zurück in den Topf geben.

Inzwischen die Bratwürste rundherum mit einer Gabel einstechen und in 1 EL Öl in einer beschichteten Pfanne etwa 5 Minuten braten, dabei häufig wenden. Herausnehmen und schräg in Scheiben schneiden.

Das restliche Öl in der Pfanne bei mittlerer Hitze heiß werden lassen und die Zwiebelspalten darin 3 Minuten braten, bis sie weich sind. Tomatensauce und Tomaten hinzufügen und 5 Minuten köcheln lassen, bis die Tomatenwürfel weich sind. Die Bratwurststücke untermischen und erwärmen.

Die Pasta unter die Sauce mischen, dabei, falls nötig, etwas Nudelkochwasser hinzufügen. Das Gericht auf Schalen oder tiefe Teller verteilen, mit Petersilie bestreuen und servieren.

Cotelli mit Kapern, Mozzarella und Basilikum-Öl

Für 4–6 Personen

125 ml Olivenöl, mehr zum Beträufeln
125 g Kapern
500 g Cotelli/Cavatappi
3 große Handvoll Basilikum
2 EL Zitronensaft
40 g Parmesan, gerieben
250 g Cocktailtomaten, geviertelt
200 g Mozzarella, in Stücke geschnitten

Die Hälfte des Öls in einer Pfanne bei starker Hitze heiß werden lassen. Die Kapern darin in 3–4 Minuten knusprig und goldbraun braten; herausnehmen und auf Küchenpapier abtropfen lassen.

Die Pasta in reichlich kochendem Salzwasser nach Packungsangabe bissfest garen. In ein Sieb schütten und abtropfen lassen, dann zurück in den Topf geben.

Inzwischen 2 große Handvoll Basilikum mit dem Zitronensaft und dem restlichen Öl in der Küchenmaschine pürieren. Die Mischung abschmecken.

Das restliche Basilikum in Stücke zupfen. Mit der Basilikummischung, 2 EL Parmesan und den Cocktailtomaten unter die Pasta heben. Das Gericht auf Schalen oder tiefe Teller verteilen, Kapern und Mozzarella darauf anrichten. Die Portionen mit Olivenöl beträufeln, mit dem restlichen Parmesan bestreuen und servieren.

Flach

Tagliatelle & Co.

Offene Gemüse-Lasagne mit Rucola

Für 4 Personen

Balsamicosirup
75 ml Balsamico-Essig
1 1/2 EL brauner Zucker

Lasagne
16 grüne Spargelstangen, in 5 cm lange Stücke geschnitten
150 g Erbsen
2 große Zucchini, längs in dünne Bänder geschnitten
2 frische Nudelblätter (je 24 x 35 cm)
100 g Rucola
1 große Handvoll Basilikumblätter, in Stücke gezupft
2 EL Olivenöl
250 g Ricotta
150 g sonnengetrocknete Tomaten
Parmesanspäne zum Bestreuen

Für den Sirup den Essig mit dem Zucker bei mittlerer Hitze verrühren, bis sich der Zucker aufgelöst hat. Die Mischung bei schwacher Hitze 3–4 Minuten sirupartig einkochen lassen; vom Herd nehmen.

In einem großen Topf Salzwasser aufkochen lassen. Die Spargelstücke darin bissfest garen; herausheben und in kaltem Wasser abschrecken. Mit Erbsen und Zucchini ebenso verfahren. Das Wasser erneut aufkochen lassen. Die Nudelblätter darin in 1–2 Minuten bissfest garen, dann kalt abschrecken und längs halbieren.

Gemüse, Rucola und Basilikum mit dem Öl mischen; salzen und pfeffern. Je 1 Nudelstreifen auf vier Teller legen. Etwas Salat auf ein Drittel jedes Nudelblatts geben, dann etwas Ricotta und ein paar Tomaten darauf anrichten. Salzen und pfeffern. Das zweite Drittel jedes Blattes darüberklappen. Darauf ebenfalls Salat, Ricotta und Tomaten geben, dann das restliche Drittel jedes Blattes darüberklappen und mit Salat und Tomaten bestreuen. Die Lasagneportionen mit Balsamicosirup beträufeln, mit Parmesanspänen bestreuen und servieren.

Pappardelle mit Kürbissauce

Für 4 Personen

1 kg Butternusskürbisfleisch, in 2 cm große Stücke geschnitten
4 Knoblauchzehen, zerdrückt
3 TL Thymianblättchen, mehr zum Garnieren
100 ml Olivenöl
500 g Pappardelle
2 EL Sahne
200 ml heiße Hühnerbrühe
Parmesanspäne zum Bestreuen

Den Backofen auf 200 °C vorheizen. Die Kürbisstücke in einer Schüssel mit Knoblauch, Thymian und 50 ml Olivenöl mischen; salzen. Das Ganze auf ein Backblech geben und im heißen Ofen 30 Minuten rösten, bis die Kürbisstücke weich und goldbraun sind.

Die Pasta in reichlich kochendem Salzwasser nach Packungsangabe bissfest garen. In einem Sieb abtropfen lassen, wieder in den Topf geben und mit dem restlichen Öl mischen.

Die gerösteten Kürbisstücke mit der Sahne in der Küchenmaschine pürieren. Die Brühe dazugießen und weitermixen, bis eine glatte Sauce entstanden ist. Die Sauce mit Salz und geschrotetem schwarzem Pfeffer abschmecken, dann unter die Pasta heben. Das Gericht auf vier Schalen oder tiefe Teller verteilen, mit Thymian bestreuen und mit Parmesanspänen servieren.

Hinweis: Die Sauce sollte erst kurz vor dem Servieren zubereitet werden, da sie sich rasch trennt.

Lasagnette mit Curry-Hähnchenklößchen

Für 4 Personen

750 g Hähnchenbrustfilet, fein gehackt
2 EL gehacktes Koriandergrün, mehr zum Bestreuen (nach Belieben)
1 ½ EL rote Currypaste
2 EL Öl
1 rote Zwiebel, fein gewürfelt
3 Knoblauchzehen, zerdrückt
750 ml italienische Tomatensauce (Fertigprodukt)
2 TL Zucker
500 g Lasagnette

Ein Backblech mit Backpapier belegen. Das Hackfleisch mit dem Koriandergrün und 1 EL Currypaste verkneten. Aus dem Teig walnussgroße Klößchen formen, auf das Blech legen und kalt stellen.

Das Öl in einer großen Pfanne mit hohem Rand erhitzen. Die Zwiebelwürfel darin mit dem Knoblauch in 2–3 Minuten glasig dünsten. Restliche Currypaste hinzufügen und 1 Minute unterrühren, bis Duft aufsteigt. Tomatensauce und Zucker dazugeben und alles gut verrühren. Die Klößchen in die Sauce geben und bei schwacher Hitze in etwa 10 Minuten gar ziehen lassen, dabei einmal wenden.

Die Pasta in reichlich kochendem Salzwasser nach Packungsangabe bissfest garen. In einem Sieb abtropfen lassen, dann mit Sauce und Fleischklößen in tiefen Tellern anrichten und nach Belieben mit Koriandergrün garnieren; servieren.

Pappardelle mit Thunfisch und Kräutern

Für 4 Personen

- 500 g orangefleischige Süßkartoffeln, geschält, in 2 cm große Würfel geschnitten
- 100 ml Olivenöl, mehr für die Pfanne
- 1 große Handvoll Koriandergrün, fein gehackt
- 1 kleines Bund Petersilie, gehackt
- 3 Knoblauchzehen, zerdrückt
- 3 TL gemahlener Kreuzkümmel
- 3/4 TL frisch gemahlener schwarzer Pfeffer
- 3 EL Zitronensaft
- 2 Thunfischsteaks (je 200 g)
- 500 g Pappardelle

Den Backofen auf 200 °C vorheizen. Die Süßkartoffelstücke auf einem Backblech mit 2 EL Öl mischen und im Ofen 25–30 Minuten weich rösten.

Das Koriandergrün mit Petersilie, Knoblauch, Kreuzkümmel und Pfeffer im Blitzhacker zu einer groben Paste verarbeiten. Die Pasta in eine Schüssel geben, den Zitronensaft und 1 EL Öl untermischen.

Den Thunfisch in einer Schüssel mit 2 EL Kräutermischung vermengen. Im Kühlschrank 20 Minuten durchziehen lassen.

Die Pasta in reichlich kochendem Salzwasser nach Packungsangabe bissfest garen. In einem Sieb abtropfen lassen, dann zurück in den Topf geben und mit der restlichen Kräuterpaste und dem restlichen Öl vermischen.

Eine Grillpfanne dünn mit Öl auspinseln und bei starker Hitze heiß werden lassen. Die Steaks darin auf jeder Seite 2 Minuten braten und in 2 cm große Würfel schneiden. Mit den Süßkartoffeln unter die Pasta heben.

Tagliatelle mit Artischocken und Hähnchenbrust

Für 6 Personen

1 EL Olivenöl
3–4 Hähnchenbrustfilets (etwa 500 g)
500 g Tagliatelle
8 Scheiben luftgetrockneter Schinken
1 Glas Artischocken in Öl (280 g)
150 g sonnengetrocknete Tomaten, in dünne Scheiben geschnitten
100 g Rucola
1–3 EL Balsamico-Essig

Eine Grillpfanne dünn mit Öl auspinseln und bei starker Hitze heiß werden lassen. Die Hähnchenbrustfilets darin auf jeder Seite 6–8 Minuten braten, bis sie gar sind. Herausnehmen und in dünne Scheiben schneiden.

Die Pasta in reichlich kochendem Salzwasser nach Packungsangabe bissfest garen. In einem Sieb abtropfen lassen und zurück in den Topf geben. Inzwischen die Schinkenscheiben unter dem heißen Backofengrill auf jeder Seite 2 Minuten grillen. Abkühlen lassen und in Stücke brechen. Die Artischocken in einem Sieb abtropfen lassen (das Öl dabei auffangen), dann vierteln.

Fleisch, Schinken, Artischocken, Tomaten und Rucola unter die Pasta heben. 3 EL von dem aufgefangenen Öl mit dem Balsamico zu einem Dressing verquirlen. Dieses unter die Pasta mischen. Das Gericht abschmecken und sofort servieren.

Pappardelle mit Kaninchen und Paprika

Für 4 Personen

3 EL Olivenöl
1 kg Kaninchenteile
1 Zwiebel, in Ringe geschnitten
2 Scheiben durchwachsener Speck, gewürfelt
2 Selleriestangen, gewürfelt
1 Knoblauchzehe, zerdrückt
2 EL Mehl
1 TL getrockneter Majoran
1 Dose gehackte Tomaten (400 g)
125 ml Rotwein
3 EL Tomatenmark
1 rote Paprikaschote, in Streifen geschnitten
1 Aubergine, geviertelt, in Scheiben geschnitten
500 g Pappardelle

Das Öl in einer großen Pfanne erhitzen. Die Kaninchenteile darin rundherum kräftig anbraten; auf einen Teller geben. Zwiebelringe mit Speck, Sellerie und Knoblauch in die Pfanne geben und bei schwacher Hitze glasig dünsten. Mehl mit Majoran dazugeben und 1 Minute anschwitzen. Tomaten, Wein, Tomatenmark, 125 ml Wasser sowie Salz und Pfeffer hinzufügen und alles verrühren.

Unter ständigem Rühren aufkochen lassen. Die Kaninchenstücke in die Sauce geben und darin zugedeckt bei schwacher Hitze etwa 1½ Stunden schmoren; falls nötig, mehr Wasser hinzufügen. Kaninchenstücke aus der Sauce heben, etwas abkühlen lassen; das Fleisch von den Knochen lösen.

Das Fleisch mit Paprika und Aubergine in die Sauce geben; 15–20 Minuten köcheln lassen. Inzwischen die Pasta in reichlich kochendem Salzwasser nach Packungsangabe bissfest garen. In einem Sieb abtropfen lassen und mit der Sauce in tiefen Tellern anrichten.

Offene Lasagne mit Ricotta und Pilzen

Für 4 Personen

250 g Ricotta
75 g Parmesan, gerieben
4 EL Olivenöl
1 Zwiebel, in dünne Ringe geschnitten
2 Knoblauchzehen, zerdrückt
500 g braune Champignons (Egerlinge), in Scheiben geschnitten
300 ml italienische Tomatensauce (Fertigprodukt)
12 Lasagneblätter
200 g junger Blattspinat, tropfnass

Den Ricotta mit der Hälfte des Parmesans verrühren; kräftig abschmecken. In einer großen Pfanne 2 EL Öl erhitzen. Die Zwiebelringe darin 2 Minuten dünsten, dann Knoblauch und Pilze hinzufügen und 1–2 Minuten mitdünsten. Die Sauce untermischen und 5–6 Minuten köcheln lassen, bis sie eindickt; abschmecken.

Inzwischen reichlich Wasser aufkochen lassen; Salz und 1 EL Öl hinzufügen. Die Lasagneblätter im kochenden Wasser bissfest garen; einzeln herausheben und abtropfen lassen. Den tropfnassen Spinat in einem Topf zugedeckt bei mittlerer Hitze in 1–2 Minuten zusammenfallen lassen.

Auf jeden Teller ein Teigblatt legen. Die Pilzsauce darauf verteilen und mit einem Teigblatt bedecken. Darauf die Ricottamischung verstreichen, dabei einen 2 cm breiten Rand lassen. Den Spinat auf die Portionen verteilen und ein weiteres Teigblatt darauflegen; Alle Portionen mit dem restlichen Öl beträufeln, mit dem restlichen Parmesan bestreuen, salzen und pfeffern. Sofort servieren.

Seafood-Lasagne

Für 4–6 Personen

400 g grätenfreies Fischfilet, ohne Haut
125 g ausgelöste Jakobsmuscheln
250 g geschälte rohe Garnelen
125 g Butter
1 Stange Lauch, in Scheiben geschnitten
75 g Mehl
500 ml Milch
500 ml Weißwein
125 g junger Gouda, geraspelt
250 g Lasagneblätter ohne Vorkochen
125 g Sahne
50 g geriebener Parmesan, mit 2 EL gehackter Petersilie gemischt

Den Backofen auf 200 °C vorheizen. Fisch und Jakobsmuscheln in mundgerechte Stücke schneiden, die Garnelen hacken.

Die Butter in einem großen Topf zerlassen. Den Lauch darin unter Rühren 1 Minute dünsten, das Mehl darüberstreuen und 1 Minute anschwitzen. Vom Herd nehmen und nach und nach Milch und Wein unterrühren. Bei mittlerer Hitze unter ständigem Rühren köcheln lassen, bis die Sauce andickt. Bei schwacher Hitze 3 Minuten köcheln lassen, dann Gouda, Fisch und Meeresfrüchte sowie Salz und Pfeffer untermischen und alles noch 1 Minute köcheln lassen.

Den Boden einer Lasagneform mit Sauce bedecken, darauf eine Schicht Lasagneblätter legen. Die Hälfte der übrigen Sauce auf den Lasagneblättern verteilen und mit weiteren Lasagneblättern bedecken; so weiterschichten, bis Blätter und Sauce verbraucht sind; mit Lasagneblättern abschließen. Das Ganze mit der Sahne begießen, mit der Parmesanmischung bestreuen und in etwa 25 Minuten goldbraun backen.

Pappardelle mit Pfefferrahmsauce und Hähnchenbrust

Für 4 Personen

2–3 Hähnchenbrustfilets (etwa 400 g)
30 g Butter
1 Zwiebel, in dünne Halbringe geschnitten
2 EL abgetropfte grüne Pfefferkörner, etwas angedrückt
125 ml Weißwein
300 g Sahne
400 g Pappardelle
100 g saure Sahne (nach Belieben)
2 EL Schnittlauchröllchen

Die Hähnchenbrust halbieren, salzen und pfeffern. Die Butter in einer Pfanne zerlassen. Das Fleisch darin auf jeder Seite etwa 3 Minuten braten. Herausnehmen und in Streifen schneiden.

Die Zwiebelstreifen mit den Pfefferkörnern in der Pfanne bei mittlerer Hitze in etwa 3 Minuten leicht glasig dünsten. Den Wein hinzufügen und in etwa 1 Minute auf die Hälfte einkochen lassen. Die Sahne dazugießen und die Sauce in 4–5 Minuten ein wenig einkochen lassen; mit Salz und schwarzem Pfeffer abschmecken.

Die Pasta in reichlich kochendem Salzwasser nach Packungsangabe bissfest garen. Im Sieb abtropfen lassen; zurück in den Topf geben und mit Fleisch, ausgetretenem Fleischsaft und der Sahnesauce mischen. Das Gericht auf Schalen oder tiefe Teller verteilen, mit etwas saurer Sahne (nach Belieben) und dem Schnittlauch garnieren und servieren.

Lasagnette mit Gorgonzola-Walnuss-Sauce

Für 4 Personen

500 g Lasagnette
100 g Walnusskerne
40 g Butter
3 Schalotten, fein gewürfelt
1 EL Weinbrand
250 g Crème fraîche
200 g Gorgonzola, zerbröckelt
70 g junger Blattspinat

Den Backofen auf 200 °C vorheizen. Die Pasta in reichlich kochendem Salzwasser nach Packungsangabe bissfest garen. In einem Sieb abtropfen lassen und zurück in den Topf geben.

Inzwischen die Nüsse auf einem Backblech im heißen Ofen in 5 Minuten goldbraun rösten; herausnehmen, abkühlen lassen und grob hacken.

Die Butter in einem großen Topf erhitzen. Die Schalottenwürfel darin in 1–2 Minuten glasig dünsten. Weinbrand hinzufügen und 1 Minute köcheln lassen, dann Crème fraîche und Gorgonzola unterrühren. Die Sauce 3–4 Minuten kochen lassen, bis sie eingedickt und der Käse geschmolzen ist.

Den Spinat und die gerösteten Nüsse (bis auf 1 EL) unter die Sauce heben; den Spinat in der heißen Sauce zusammenfallen lassen. Die Sauce abschmecken und unter die Pasta mischen. Das Gericht auf Schalen oder tiefe Teller verteilen, mit den restlichen Nüssen bestreuen und servieren.

Pappardelle mit Lachs, Petersilie und Zitrone

Für 4 Personen

1 kleines Bund Petersilie, gehackt
3 TL abgeriebene unbehandelte Zitronenschale
2 Knoblauchzehen, fein gewürfelt
500 g Pappardelle
4 EL Olivenöl
400 g Lachsfilet, ohne Haut

Petersilie in einer Schüssel mit Zitronenschale und Knoblauch verrühren.

Die Pasta in reichlich kochendem Salzwasser nach Packungsangabe bissfest garen. In einem Sieb abtropfen lassen; wieder in den Topf geben. Dann 3 EL Olivenöl und die Petersilienmischung unterheben.

Das restliche Öl in einer Pfanne bei mittlerer Hitze heiß werden lassen. Den Fisch darin 3–4 Minuten braten, dabei einmal wenden. Herausnehmen, zerpflücken und unter die Pasta heben. Das Gericht abschmecken und servieren.

Offene Lasagne mit gemischten Pilzen

Für 4 Personen

10 g getrocknete Steinpilze
350 g gemischte Pilze (z. B. Shiitake, Austernpilze und Champignons)
30 g Butter
1 kleine Zwiebel, in dünne Halbringe geschnitten
1 EL gehackter Thymian
3 Eigelb
125 g Sahne
100 g Parmesan, gerieben
16 Lasagneblätter

Die Steinpilze 15 Minuten in 3 EL kochend heißem Wasser einweichen; in ein Sieb schütten und das Einweichwasser auffangen. Größere Exemplare von den gemischten Pilzen halbieren.

Die Butter in einer Pfanne erhitzen und die Zwiebelwürfel darin 2 Minuten dünsten; Thymian und Pilze hinzufügen und 1–2 Minuten mitdünsten. Das Einweichwasser dazugeben und das Ganze etwa 2 Minuten kochen lassen, bis alle Flüssigkeit verdampft ist.

Die Eigelbe in einer großen Schüssel mit der Sahne und der Hälfte des Parmesans verquirlen. Die Lasagneblätter in reichlich kochendem Salzwasser nach Packungsangabe bissfest garen. In einem Sieb abtropfen lassen und sofort in der Eimischung wenden (die Lasagneblätter müssen noch sehr heiß sein).

Auf vier Teller jeweils zwei aufeinander gelegte Lasagneblätter geben. Die Pilzmischung auf die Blätter verteilen und ebenfalls mit zwei zusammengelegten Teigblättern bedecken. Portionen mit der restlichen Eimischung und mit dem restlichen Parmesan bestreuen; servieren.

Pappardelle mit Ente auf asiatische Art

Für 4–6 Personen

250 g Pak Choi, die Blätter abgelöst
600 g frische Pappardelle
1 chinesische Grillente (siehe Hinweis), gehäutet
75 ml Erdnussöl
3 Knoblauchzehen, zerdrückt
3 TL fein gehackter Ingwer
1 Handvoll Koriandergrün, gehackt
2 EL Hoisinsauce
2 EL Austernsauce

Die Pak-Choi-Blätter 1–2 Minuten in reichlich kochendem Wasser garen. Mit einem Schaumlöffel herausheben; warm halten.

Die Pasta in reichlich kochendem Salzwasser nach Packungsangabe garen. In ein Sieb schütten und zurück in den Topf geben.

Inzwischen das Entenfleisch von den Knochen lösen und in dünne Streifen schneiden. Das Erdnussöl in einem kleinen Topf stark erhitzen. Vom Herd nehmen und 1 Minute schwenken, um es abzukühlen. Knoblauch und Ingwer hineingeben und durch Schwenken verteilen – dabei darf der Knoblauch nicht verbrennen, sonst wird er bitter.

Das gewürzte Öl zur Pasta gießen. Pak Choi, Entenfleisch, Koriandergrün, Hoisin- und Austernsauce hinzufügen und alles mischen. Das Gericht abschmecken und sofort servieren.

Hinweis: Eine chinesische Grillente erhalten Sie im gut sortierten asiatischen Supermarkt.

Stracci mit Räucherlachs und Sektsauce

Für 4 Personen

400 g frische Stracci (siehe Hinweis)
1 EL Olivenöl
2 große Knoblauchzehen, zerdrückt
125 ml Sekt
250 g Sahne
200 g Räucherlachs, in dünne Streifen geschnitten
2 EL sehr kleine Kapern (Nonpareilles)
2 EL Schnittlauchröllchen
2 EL gehackter Dill

Die Pasta in reichlich kochendem Salzwasser nach Packungsangabe bissfest garen. In einem Sieb abtropfen lassen und zurück in den Topf geben.

Inzwischen das Öl in einer großen Pfanne erhitzen. Den Knoblauch darin 30 Sekunden dünsten. Den Sekt dazugießen und in 2–3 Minuten etwas einkochen lassen. Die Sahne hinzufügen und die Sauce 3–4 Minuten köcheln lassen, bis sie eingedickt ist.

Sauce, Lachs, Kapern und Kräuter unter die Pasta heben. Das Gericht abschmecken und servieren.

Hinweis: Stracci heißt auf Deutsch »Lumpen«. Die rechteckigen Nudeln gibt es frisch und getrocknet – beide Sorten eignen sich für dieses Gericht. Ersatzweise können Sie Fettuccine oder Tagliatelle verwenden, oder Sie brechen getrocknete Lasagneblätter in größere Stücke.

Pappardelle mit Lamm-Tomatensauce

Für 6–8 Personen

2 EL Ollivenöl
1 große Zwiebel, fein gewürfelt
1 große Möhre, fein gewürfelt
2 Selleriestangen, fein gewürfelt
2 Lorbeerblätter
etwa 1,5 kg Lammstelzen, von sichtbarem Fett befreit
4 Knoblauchzehen, fein gewürfelt
1 EL fein gehackter Rosmarin
750 ml Rotwein
1 l Rinderbrühe
500 ml italienische Tomatensauce (Fertigprodukt)
½ TL abgeriebene unbehandelte Zitronenschale
750 g Pappardelle oder andere lange, breite Pasta
Petersilienblätter zum Garnieren

In einem großen Bräter 1 EL Öl erhitzen. Zwiebel, Möhre, Sellerie und Lorbeerbätter darin unter Rühren etwa 10 Minuten braten; herausnehmen. Das restliche Öl in dem Topf erhitzen und die Lammstelzen darin etwa 15 Minuten anbraten; herausnehmen.

Knoblauch und Rosmarin in den Topf geben und 30 Sekunden braten. Die Gemüsemischung sowie Wein, Brühe, Tomatensauce, Zitronenschale und 250 ml Wasser hinzufügen und alles verrühren, dabei den Bratsatz mit dem Kochlöffel vom Topfboden lösen. Die Lammstelzen in die Sauce geben und die Sauce aufkochen lassen. Die Stelzen bei mittlerer Hitze in der köchelnden Sauce zugedeckt etwa 2 Stunden schmoren, bis das Fleisch weich und die Sauce dickflüssig ist.

Die Pasta in reichlich kochendem Salzwasser nach Packungsangabe bissfest garen. In einem Sieb abtropfen lassen; warm halten.

Die Stelzen aus der Sauce nehmen. Das Fleisch von den Knochen lösen und in die Sauce geben. Die Sauce abschmecken und unter die Pasta heben. Mit Petersilie garnieren und servieren.

Offene Lasagne mit Kürbis, Spinat und Ricotta

Für 4 Personen

3 EL Olivenöl
1 kg Butternusskürbisfleisch, in 1,5 cm große Würfel geschnitten
500 g junger Blattspinat
12 Lasagneblätter
500 g Ricotta
2 EL Sahne
3 EL geriebener Parmesan
1 Prise geriebene Muskatnuss

Das Öl in einer beschichteten Pfanne erhitzen. Die Kürbisstücke darin unter gelegentlichem Rühren und Wenden etwa 15 Minuten braten, bis sie weich sind (es macht nichts, wenn sie musig werden). Mit Salz und Pfeffer abschmecken und warm halten.

Den Spinat in reichlich kochendem Wasser in etwa 30 Sekunden zusammenfallen lassen, mit einem Schaumlöffel herausheben, in kaltem Wasser abschrecken und in einem Sieb abtropfen lassen. Anschließend kräftig ausdrücken und fein hacken. Die Lasagneblätter in das kochende Wasser geben und darin unter gelegentlichem Rühren bissfest garen; in einem Sieb abtropfen lassen. Die Blätter nebeneinander auf ein sauberes Geschirrtuch legen.

Den Ricotta in einem kleinen Topf mit Sahne, Parmesan, Spinat und Muskat verrühren und alles bei schwacher Hitze 2–3 Minuten erwärmen. Auf vier Teller je ein Lasagneblatt legen. Die Hälfte des Kürbis auf den Blättern verteilen und mit je einem Blatt belegen. Diese Blätter mit der Hälfte der Ricottamischung bestreichen und darauf je ein weiteres Blatt legen. Den restlichen Kürbis und die restliche Ricottamischung auf die Portionen verteilen und die Lasagne sofort servieren.

Pappardelle mit Salami, Lauch und Provolone

Für 4 Personen

400 g Pappardelle
2 EL Olivenöl
2 Stangen Lauch, in dünne Scheiben geschnitten
2 EL Weißwein
2 Dosen gehackte Tomaten (je 400 g)
150 g milde Salami in Scheiben, in Streifen geschnitten
1 große Handvoll Basilikumblätter, in Stücke gezupft
125 g Provolone (italienischer Schnittkäse), in 3 cm breite Streifen geschnitten
30 g Parmesan, gerieben

Die Pasta in reichlich kochendem Salzwasser nach Packungsangabe bissfest garen. In ein Sieb schütten und abtropfen lassen, dann zurück in den Topf geben.

Inzwischen das Öl in einer großen Pfanne mit hohem Rand erhitzen. Den Lauch darin in etwa 4 Minuten weich dünsten. Den Wein hinzufügen und unter Rühren fast vollständig verdampfen lassen.

Tomaten, Salami, Salz und Pfeffer dazugeben. Die Sauce unter gelegentlichem Rühren in etwa 5 Minuten etwas einkochen lassen. Anschließend mit Basilikum und Provolone unter die Pasta heben. Das Gericht mit Parmesan bestreuen und servieren.

Offene Lasagne mit Meeresfrüchten

Für 4 Personen

1 EL Olivenöl
600 ml italienische Tomatensauce (Fertigprodukt)
2 Knoblauchzehen, zerdrückt
¼ TL Safranfäden
750 g Meeresfrüchtemischung, in mundgerechte Stücke geschnitten
12 Lasagneblätter
150 g junger Blattspinat
200 g Mascarpone
100 g Parmesan, gerieben

Das Öl in einem großen Topf erhitzen. Tomatensauce mit Knoblauch und Safran darin bei schwacher Hitze etwa 8 Minuten köcheln lassen, bis sie etwas eingedickt ist. Die Meeresfrüchte hineingeben und in etwa 2 Minuten gar ziehen lassen. Sauce abschmecken und vom Herd nehmen.

Die Lasagneblätter in reichlich kochendem Salzwasser bissfest garen. Mit einem Schaumlöffel herausheben und nebeneinander auf ein Geschirrtuch legen, damit sie nicht zusammenkleben. Den Spinat im Nudelwasser in 30 Sekunden zusammenfallen lassen. In ein Sieb abschütten und gut abtropfen lassen.

Auf vier (ofenfeste) Teller je ein Teigblatt legen, die Hälfte des Mascarpones auf die Blätter streichen, dann die Hälfte des Spinats und der Meeresfrüchtesauce daraufgeben und mit einem Drittel des Parmesans bestreuen. Das Ganze wiederholen, dann jeweils ein drittes Teigblatt darauflegen und mit dem restlichen Parmesan bestreuen. Die Lasagneportionen für 2 Minuten unter den heißen Backofengrill schieben, bis der Käse zu schmelzen beginnt. Sofort servieren.

Pappardelle mit Hummer und Safran-Sahnesauce

Für 4–6 Personen

500 g Pappardelle
50 g Butter
4 große Knoblauchzehen, zerdrückt
250 g braune Champignons (Egerlinge), in Scheiben geschnitten
500 g Hummerfleisch, in Stücke geschnitten
125 ml Weißwein
½ TL Safranfäden
700 g Sahne
2 Eigelb

Die Pasta in reichlich kochendem Salzwasser nach Packungsangabe bissfest garen. In einem Sieb abtropfen lassen und zurück in den Topf geben.

Inzwischen die Butter in einer großen Pfanne mit hohem Rand erhitzen. Knoblauch und Pilze darin 2–3 Minuten dünsten, dann das Hummerfleisch hinzufügen und in 4–5 Minuten mitdünsten; aus der Pfanne nehmen.

Wein und Safran in die Pfanne geben und mit dem Kochlöffel den Bratsatz vom Pfannenboden lösen. Die Flüssigkeit aufkochen und 2–3 Minuten kochen lassen. Die Sahne hinzufügen und die Sauce 5 Minuten köcheln lassen. Zum Andicken die Eigelbe mit einem Schneebesen unter die Sauce schlagen. Die Hummermischung unterheben. Die Pasta auf Schalen oder tiefe Teller verteilen. Die Sauce abschmecken und darübergeben. Sofort servieren.

Register

G/H

I/K

P

R

T–Z